デザインよろしく

内田奈津子の
成功を呼ぶデザイン発注術

内田奈津子

みらい PUBLISHING

はじめに

デザイナーとともにゴールを目指す

「デザインをプロに頼んだら、イメージと違うものができあがってきた」

「何度も何度も修正依頼をしたために、デザイナーとの関係が険悪になった」

「そもそもプロにすべてお任せがいいの？　それともいろいろと注文をつけたほうがいい？」


デザイナーに仕事を依頼する際、このような悩みを持っていませんか？　そしてそれらを解決し、もっとスムーズに発注や制作のやり取りが行えないか、要望を上回るデザインをつくってもらえないか、と思ってはいないでしょうか。

デザイナーと発注者の間には〝見えない溝〟が存在します。これは、十数年前にデザイン会社を立ち上げて、これまで5000件を超えるデザイン案件に携わってきた私が、強く感じたことです。

その〝見えない溝〟は両者のコミュニケーションを妨げる要因になっています。本書は、その溝を知り、それを埋め、橋渡しとして役立てていただくために企画しました。

お互いが歩み寄って理解し合い、同じゴールを目指すことで、デザインの出来は大きく変わります。それは、あなたのビジネスや未来を成功に導く**強力な〝武器〟**になるでしょう。

本書では、デザインの現場で起きていることや、デザイナーがどのようなことを考えているのかを整理し、発注者とデザイナーとのやり取りが円滑に行われ、理想的なデザインにたどり着くためのガイドブックとなるように努めました。

中小企業や個人事業主の方の販売促進を手助けできるデザインについて、発注前の準備や、どのように依頼したら制作できるかという視点でお伝えします。

私がお話する方法以外のやり方でデザイン制作を行っている方もいらっしゃるかと思いますが、一つの考え方として捉えていただけたらと思っています。

さらに、デザイナーに発注しない場合であっても、知っておくと役立つ「簡単なデザインのルール」や「販促ツールを作る上で発注前にやっておくべきこと」などもまとめています。

発注する側もデザイナーの思考やデザイン制作の現場を知ることでデザイナーと良好な関係を築くことができて、それがよいデザインを生み、**最終的にビジネスの利益**として実を結ぶでしょう。

本書を通し、デザインを活用することによって、売上げアップに貢献できればこれに勝る喜びはありません。

内田奈津子

目次

第1章

成功を引き寄せる デザインの知識

1　ビジネスの現場で役立つデザイン

まずは、ビジネスの現場で役立つデザインの知識についてお話ししたいと思います。基本を解説したデザインの技術本は数多く販売されていますが、発注者とデザイナーをつなぐ書籍には出会うことがほとんどありません。

本書ではデザインのルールに関してはあまり触れません。ルールを知る以前にデザイナーとはどんな人なのか、何を考えているのか？　仕事に役立つデザインとは？　知っているようで知らないデザイナーやデザインについてお伝えします。実はこれを理解することがデザインを味方にするいちばんの方法です。

ビジネスで役立つデザインの定義は人それぞれ異なっているとは思いますが、最終的には数字、つまり**売上げや利益につながること**だと思います。その過程でブランドイメージを印象づけたり、伝えたいことが的確に短い時間で伝わるデザインが必要になります。この数値目標を達成するためにデザインをどのように活用していくか、というお話が本書でお伝えすることです。

ひと言でデザインと言ってもさまざまなデザインがありますが、**本書ではビジネスで使用するツール（名刺、チラシ、パンフレット、看板、ポスター、Ｗｅｂサイト　など）を中**

心にお話をしていきます。

2　デザインを味方にする方法

デザインはあなたの身の回りにあふれています。スマートフォン、パソコン、食事をするテーブルや椅子、カレンダー、文房具、衣類の1着1着。さらに生活雑貨、家電、そして家やビル、車や電車。今、あなたが手にしている本もその一つ。すべてデザイナーがデザインしたものです。逆にいえば、デザインされていないものを見つける方が難しいです。人間が作ったものはデザイナーという工程を経て形になり、あなたの手に届いています。

こうした一つひとつにデザイナーの想いや考えが込められており、その想いが目に見える姿になったものがデザインで、あなたはその中で生活をしています。

生活している中で、ふとした瞬間にデザイナーのデザインに込められたやさしい想いや生活を豊かにするためのアイディアに触れたりすると、とても幸せな気持ちになったりします。デザインの向こう側にデザイナーの存在を感じると、当たり前の毎日もほんの少し見え方や感じ方が変化するかもしれません。

3　ビジネスを加速させる最強の武器

ビジネスシーンにおいてもデザインがあふれています。デザインなしに仕事ができるかといったらかなり難しいのではないでしょうか？　人に会えば名刺交換をします。商品やサービスをＰＲしようと思えばチラシ、パンフレットを配布し、新規顧客の入り口やより詳しく会社の情報を知らせるためのＷｅｂサイトが必要になります。こうした名刺・チラシ・パンフレット・Ｗｅｂサイトなどはすべてデザインされたものです。

ビジネスをしていない人でも年賀状、暑中見舞い、結婚式の招待状、町内会や学校のお知らせなど、デザインを活用して何かを伝える機会がまったくないという人はこの世の中にはほとんどいないはずです。

そんな中、デザイナーにデザインを依頼してみたものの、デザイナーに考えをうまく伝えられない、もしくは伝えたはずなのに理解してもらえなかったという経験、または自分で制作をしてみたけど、思いどおりのデザインにならなかったという経験があるという方は少なくないはずです。そういうときに感じる違和感こそ、私が最初にお話をしたデザイナーと発注者の間にある**見えない溝**、デザインの理解不足から起きることなのです。

デザイナーとの付き合い方を見直すことで最強のビジネスツールを手にすることができます。今、あなたの周りにあるデザインがあなたのビジネスを加速させるもっと強力な武器になることをお約束します。

4　売れるデザインと売れないデザイン

「デザイン」を辞書で調べると、次のように記載されています。

1. 建築・工業製品・服飾・商業美術などの分野で、実用面などを考慮して造形作品を意匠すること。「都市をデザインする」「制服をデザインする」「インテリアデザイン」
2. 図案や模様を考案すること。また、そのもの。「家具にデザインを施す」「商標をデザインする」
3. 目的をもって具体的に立案・設計すること。

（「デジタル大辞泉」小学館より）

この3番にある「目的をもって」という部分が特に私の伝えたいことを表現しています。私は、**目的のないデザインはデザインではない**と考えています。

デザインは「**情報整理と問題解決**」を行います。これはよく混同されがちな、アートとの違いという点から見たものでもあり、アートは情報の整理や問題解決はしません（問題解決を目的に作られたアートもありますが）。

アートは基本的に作者の「表現の世界」であり、自由な表現が許されますが、デザインはそうではなく、何かの目的や目標を達成するため、起きている問題を解決するために活用されるものです。

何か解決したいことがあるから、人はデザインします。例えば、チラシを1枚デザインするのでも、あなたの商品を知ってもらいたい、あなたのサービスを利用してもらいたい、イベントに来場してもらいたい、という目的や目標があって、制作しようと考えるはずです。これは「売れない状態」という困った問題をデザインで「売れる状態」に変化させ、解決させる問題解決行為と言い換えることもできるでしょう。

前提としてのデザインを「美しく、造形を整えること」くらいに思っていると、「情報整理や問題解決」というデザインの役割がアートの「表現の世界」に近づいてしまうのです。この2つは見た目がそっくりですが、まったくの別物です。現在のあなたが抱えている問題とそれを解決するためにどのようなデザインが必要か、デザインで何を変化させなくてはいけないのか？　という点をはっきりさせておくことが、仕事に役立つデザイン制作の第一歩です。そして、それをデザインする人と共有することで本当に役立つデザインが仕上がっていくのです。

5 「意味のあるデザイン」が成功の秘訣

私には6歳になった息子がいます。息子は鉄道オタクで、朝から晩まで頭の中は電車でいっぱいです。彼がある朝、鼻血を出しました。びっくりして鼻にティッシュを詰めていたら彼は慌てるでもなく、自分の鼻から垂れた血を見てこう言いました。

「これは丸の内線の赤だね」

この子は血の色さえ電車に見えてしまうのだとビックリしましたが、それを聞いてふと思いました。

「そういえば都内を走る地下鉄の色はどのように決定しているのだろうか？」

調べてみると、丸の内線は職員の方が視察で訪れたイギリスで見かけたタバコのパッケージを参考にして赤色に決定したのだそうです。

他の地下鉄の色にもそれぞれ決定理由がありました。例えば、大阪を走る地下鉄御堂筋線は、大阪の大動脈であるということから動脈を示す赤が使われたのだそうです。「血」の色ということです。

確かに丸ノ内線と御堂筋線を比較してみると同じ赤いラインの入った電車ではありますが、丸ノ内線の方がやや明るい印象のある赤を使用しており、御堂筋線はほんの少し暗めの赤を使用しています。御堂筋線のほうが、言われてみれば「血」を思わせる赤です。息子が血を丸ノ内線の赤だと言ったら、次からは御堂筋線の赤だと訂正しなくてはなりません。

このようにデザインが決定する過程では色使いなどを含めて、いろいろな検討が重ねられて決定しているのです。

デザイナーは必ずどこかで「**すべてのデザインには意味がなければいけない**」と教えられているものです。デザインに意味があるってどういうこと？　と思われる方も多いと思います。

登山に例えてみます。あなたは登山グループのリーダーです。山頂を目指すルートはたくさんあります。その中から1つのルートを選びます。複数あるルートの中からなぜそのルートを選んだのか、メンバーが納得できるように説明をしなくてはいけません。

「このルートは一番アップダウンが少なく、熊の出没も少なそうなルートであり、その中でも一番短い距離で山頂に到着するルートです。今回のメンバーの体力や安全性を考えてこのルートを選びます」

このように**説明できること**が、デザインでいうところの「デザインに意味がある」ということです。

目的に進んでいく中で、デザインの表現は無限に選択肢があります。背景は白なのか黒なのか、タイトルは横にするか縦にするか、Aの写真を使うかBの写真を使うか……など、デザインは選択の連続です。

無限にある可能性の中からどのようにそのデザインにたどり着いたのかをデザイナーは答えられなくてはいけません。その表現を選んだ理由を共有できることで、修正点も明確になりますし、共に同じゴールを目指す者同士の建設的な意見交換が可能になります。

私の会社の売り文句に「**物語を語れるチラシ**」というフレーズがあります。私の会社では発注者の持っているストーリーを大切にするというポリシーを持ち、発注者の想いやストーリーをデザインに落とし込めるように社内でデザイン会議を行っています。

発注者のストーリーのどのあたりにフォーカスするか、発注者のどのような想いを表現するかなど、案件によっては時間をかけて検討を重ねてからデザインに入るようにしています。そうすることで、そのデザインを目にするたびにお客様自身は自身の原点、想いに立ち返ることができ、もし誰かにチラシやパンフレットを手渡しする機会があれば、「このデザインは私の想いを形にしてもらったのです」と、会話のきっかけが生まれます。そうすれば自然に自社の強みをアピールができると考えたからです。

「すべてのデザインには意味がある」とお話ししましたが、この意味は2つに分類することが可能です。**機能的な意味と物語的な意味**です。先にお話しした東京メトロの例ですと、副都心線の色は「茶色」を使用していますが、他のラインと重複せず、識別しやすい色として決定したそうです。東京の地下鉄はライン数も多く、乗り間違えを防ぐためにこのような方法で色が決定したのでしょう。これは機能的な意味合いです。

有楽町線はその識別のしやすさの他に、有楽町線が通るエリアの都心のオフィス街をゴールドで表現したそうです。ここには機能的な意味に加えて、物語的な意味合いが含まれていると

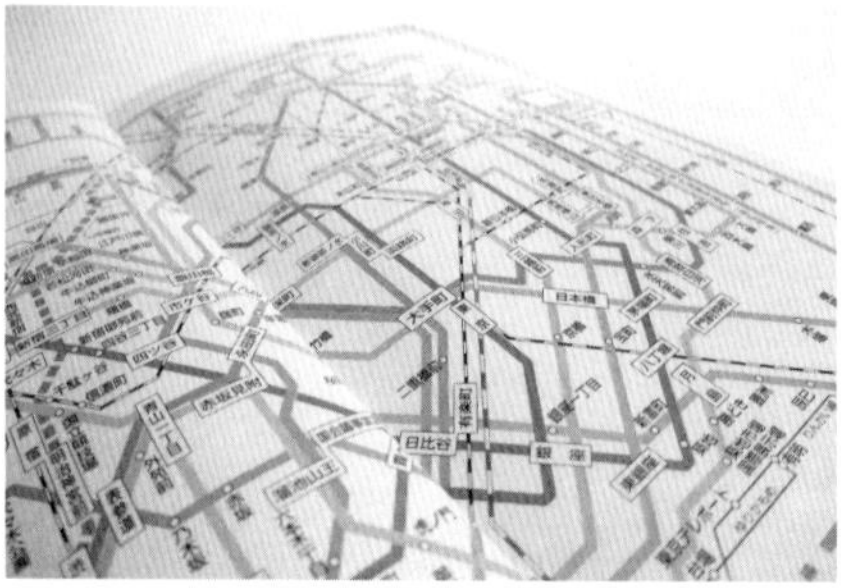

考えられます。

機能的な意味、物語的な意味。どちらも目的に合わせて考えられているのです。私たちはなるべく発注者のストーリーをデザインで表現したいと考えてデザインに取り組んでいるのですが、このストーリーが見えてこない依頼も多くあります。ただ何となく必要と言われたからデザインを依頼したというようなケースも少なくありません。そういう場合は物語的な意味ではなく、機能的な意味合いを中心にデザインの検討を重ねるようにしています。

デザインを依頼する際に、自分の好きなデザインを依頼してしまう人が少なくありません。「こんなデザインが好き」というものはあってもいいと思いますが、自分が好きなデザインと効果を上げるデザインは、必ずしもイコールではありません。自分の好きな服が必ずしも似合う服とは限らないという話と似ています。

ブランディングの一環で「自分の好き＝自分のブランド」であれば問題はありませんが、ただ好きというだけでデザインを決めるのはおすすめしません。なぜなら、受け取った相手の視点でデザインすることが結果につながりやすいからです。また、自分の好みに頼るとデザインに迷ったときに判断基準を失ってしまうことがあります。常にデザインを受け取る人、「お客様の思考」という軸をもって、デザインに向き合うべきだと私は考えています。

デザインを受け取った相手に興味をもってもらえるデザインはどのようなデザインなのか？　どのように伝えたら一番相手に伝わるか？　デザインを依頼するときは、そういったことを考えることで、仕事の姿勢自体が自分本位になってしまうのを避けられます。

6　「このデザイン、思っていたのと違う！」の本当の理由

「仕上がってきたデザインが思っていたのと違う！」

デザインを他人に依頼したことがある人ならば、一度は経験があるのではないでしょうか？　なぜ、そういうことが起きるのでしょう？

原因は**デザインの要望を伝えきれていない**ことです。自分では伝えたと思っていても、伝え方が足りないことが多く見受けられます。「これくらい話したらわかってもらえるはず」という思いがベースにあります。これはデザインだけに限ったことではなく、ビジネスシーンで多発していると思います。

先日、あるセミナーでこんな話を聞きました。日本人と欧米人ではコミュニケーション

の前提が異なるという話です。欧米人は相手と意見が違って当たり前と考えるそうです。欧米はいろいろな国が陸続きになっているため、移民なども多く、多種多様の文化の人が同じ国で生活しています。だから、相手と意見が違うのが当たり前という考えが染みついているのだそうです。

一方、日本は島国です。同じような価値観の人が集まっている（だろう）と考え、相手も同じ意見であることが前提で話を始める人が多いのだそうです。もしかすると昔はそういう傾向があったのかもしれませんが、時代の変化が速くなり情報社会になって、価値観は多様化してきています。考えや価値観は違って当たり前です。

このような違いからもわかるように日本人はつい、わかってもらえると思いがちです。実際はそうではありません。言わないと伝わらないことがほとんどなのです。思っていることを伝えるためには今よりも、より丁寧にしつこいかな？　と感じるくらいに自分の考えを伝えるように心がけると、「仕上がってきたデザインが思っていたのと違う！」という事態も避けやすくなるでしょう。

「仕上がってきたデザインが思っていたのと違う！」という現象は、デザイナーの能力が足りないわけではなく、コミュニケーション不足によって起きていることが多いのです。

では、どんなことを伝えてデザイナーと話し合えばいいか？　この先を読み進め、知っていただけたらと思っています。

7　あなたの知らないデザイナーの世界

デザイナーと発注者は同じプロジェクトを一緒に戦う仲間、同志、親友のような関係が理想です。私はお金を払う側が偉いとか、デザイナーがプロだから偉いとは考えず、対等に一緒にプロジェクトを成功に導く仲間になることが一番だと考えています。ただし、そんな中で最初にお話しした〝**見えない溝**〟が登場します。この溝の存在を知らない両者は、時に関係をぎくしゃくさせてしまいます。

デザインにはいくつかの約束事があります。これは、デザイナーでないと知る由もないことだったりします。例えるなら、同じ道路を走る自転車と自動車のような関係です。

私は運転免許を持っていません。たまに自転車に乗るくらいです。そんな私が、人が運転する車に乗せてもらったときに、目的地に向かう途中でつい「そこ右に曲がればいいじゃない！」と言うことがあります。すると、ドライバーから「ここは右折禁止だよ」という返事が返ってくる。運転する人が当たり前に知っている交通ルールを理解していないのです（自転車に乗る人もちゃんと理解したほうがいいという話はさておき）。デザインの現場でも、これと似たような状況があるのです。

デザイナーはレイアウト、フォント、色など基本的なルールを守りながらデザインをしています。ですが、時に発注者は知らず知らずのうちにそのルールを破ってほしい、という類の依頼をしてしまうことがあるのです。

交通ルールを守らないと事故が起きる確率が上がるのと同じように、デザインでもルールを守らないと本来伝えたかったことが伝わらなくなる可能性が上がってしまうのです。

8　センスのいいデザイナーの能力

デザインセンスの考え方は人によって異なると思います。一つには、デザインの小さな違和感やブレを察知できる力だと思います。ほんの少しの文字の大きさの違い、縦のラインのズレ、普通の人なら気にならないようなことまでを感じられる繊細さは必要だと思います。

美しい色合いを作れる、見た目にバランスの取れたカッコいいデザインが作れることもデザインセンスの一つだと思いますが、私はデザインセンスには、もう少し別の見方もしています。「**デザインを制作する目的・目標に対して、どれだけ結果を出せるデザインを選択できるかが、デザインのセンスである**」と考えています。

同じ原稿に対して、レイアウトをどうするか、どのような大きさで、どのようなフォントを使うか、どのような色を使用するか、無限に広がる選択肢の中からいかに目的・目標の達成に近いデザインを選択できるか、がデザインのセンスであると考えています。

デザインすること自体の意味は問題を解決するという点にある訳ですが、目的を達成できるデザインが何なのかを状況に応じて考察し、判断できること。この能力こそ本当にセンスが問われる部分であると考えています。

第2章

発注前の準備

依頼先を考える

デザイナーに発注するか、自分で作るかの判断基準

あなたが名刺を作る、チラシを作る、パンフレット、看板、Webサイトを作ってビジネスに活用しようと考えたとき、どのようなアプローチを検討するでしょうか？

今はたくさんのノンデザイナー向けのツールも増えていますので、自分で作るのも一つの方法です。スマートフォンにもデザインできるアプリはありますし、もっと使い慣れているもので言えば、ワードやエクセルでチラシを作るという方も多いのではないかと思います。身近にいる友人、知人でデザインが得意な人がいれば、その人に格安で依頼する方法もあります。

さらに最近ではスキル・マーケット※も盛んになっており、インターネットで簡単に、デザインが得意な人にデザインを低価格で依頼できるようにもなりました。そしてもちろん、プロのデザイナーに依頼するという選択肢もあります。

さまざまな選択肢がある中で、デザインする人をどのように決めればよいのでしょうか？　実は、それぞれ次のようなメリットやデメリットがあります。

	メリット	デメリット
自分でデザインする	イメージを伝える必要がないので、技術さえあれば思いどおりにデザインができる。	時間が取られてしまう。
知人に頼む	気軽に依頼することができる。	関係がなぁなぁになりやすい。
スキル・マーケットを利用する	手軽に、安価で利用できる・クチコミや実績を見て、選択できる。	修正回数などに制限があったり、自分でラフ案を用意しなくてはいけないこともある。
プロのデザイン会社やフリーランスのデザイナーに依頼する	目的などに合わせたデザインの提案をしてもらえる。不安があれば相談することができる。印刷まで一貫して依頼できる。	コストがかかる。制作に時間を要する場合もある。

※スキルマーケット…さまざまな技術、知識、スキルを売り買いできるマーケット。

単純に「金額の安い、高い」だけで決めてしまうと、損してしまう可能性もあります。安く頼めるということは、常にデメリットもセットであると考えましょう。

トラブルとまではいきませんが、友人・知人に依頼していたが、「仕事が進まない」「忙しくて全然デザインが仕上がらない」ということで、デザイン会社に依頼してくる人もいます。

また、スキル・マーケットを通じて依頼する場合、「スキル（デザイン）のみの提供で印刷はできない」というルールがあるケースもあります。その場合は、家庭用のプリンターで印刷するか、自分でネット印刷などを利用して発注することになります。

特にネット印刷は印刷に関する多少の知識がないと最初は戸惑うこともあると思いますので、依頼を考えた時には最後の工程までコストとスケジュールなど、すべて確認して依頼しなくてはいけません。

デザイナーを選ぶ大きな見極めのポイントがどこなのかというと、売上げを上げたい、利益を出したい、来店数を増やしたいなどの**数値目標**があるかどうかです。つまり、ビジネスで使用するものは、ほとんどプロのデザイナーに依頼するのがよいでしょう。

例えば、年賀状、町内会のイベントの案内、会社で使用するものでも社内報やお知らせなどの場合、特別なこだわりがなければ、わざわざプロのデザイナーに依頼する必要はありません。自分でデザインした年賀状やチラシも味わいや気持ちが込められていて、プロが作る以上に想いが相手に届くこともあります。

しかし、ビジネスで活用するデザインにはプランや戦略が必要です。ブランドのイメージも守らなくてはいけません。より多くの人に、より的確に商品やサービスの魅力を伝えられるのはデザイン知識、マーケティングの知識を備えたプロのデザイナーです。

デザイナーはあらゆる知識を結集して、目標達成のためのデザインを考えます。知識とセンスをフル活用してデザインに落とし込んでいくのです。

問い合わせをする前に確認すべきこと

ほとんどのデザイナーやデザイン会社はＷｅｂサイトを持っています。紹介された場合や、検索でよさそうなデザイナーを見つけたら、問い合わせをする前にまずはその人の**Ｗｅｂサイトを閲覧**し、制作の流れや実績、デザインに対する考え方などをよく確認しましょう。それから問い合わせをすれば、担当者との話もスムーズにできるはずです。

デザイナー、デザイン会社は重要な規約や決まりごとはＷｅｂサイトに表示しています。事前にある程度のサービス内容を理解して、不明点だけを確認することで作業がスムーズになります。これにより、発注したあとに自分が思っていたものと違ったという事態を防ぐことができます。

良いデザイナーの選び方

良いデザイナーを選ぶポイントは、**あなたの目的・目標を理解し、それに対してデザインを使って解決策を提示してくれる人**を探すことだと思います。

デザイナーにはそれぞれ個性や得意分野があります。オールマイティでどんなものでも得意ですという人もいると思いますが、全体の数から考えるとそれほど多くはありません。

まず、自分が作ろうと思っているものの制作が得意そうなデザイナーをホームページの実績などでチェックしたり、自分が作りたいと思っているような制作物を作っている人がいたら、そのデザイナーを紹介してもらうなどして探すのがおすすめです。

発注の際にそのデザイナーの最も大切にしていることや、強みがどういったところかを確認するのもいいデザイナーを見つけるポイントになります。

「スピードを重視して制作を行いたい」「金額を安く抑えたい」「売上げにつながる提案をしてほしい」など、いろいろな要望があると思いますが、全部を完璧に叶えるのは無理があると考えましょう。

納期を急ぐのであれば、予算は多少上がってしまうことを覚悟して依頼するとか、提案を重視するなら納期にはゆとりを持つとか、バランスをとって考えみてください。

デザイン発注の準備

どのように発注すると、要望どおり、または要望を超える仕上がりを引き出すことができるのかをお話しします。これまでにたくさんの依頼をいただいてきて、最初にお客様から聞くのは左記のようなことです。

・チラシを１０００部作りたい
・チラシのイメージがあるのでそれを元に作って欲しいです
・〇月〇日頃を目途に新聞に折り込みします
・かっこいい感じにしてください

このような要望でご依頼をいただくことが6割くらいです。

これはこれで依頼を受けることは可能ですが、本当にいい結果を得られるデザインを仕上げるには情報が足りていません。さらに詳しく目的・目標数値達成のために考えている戦略を共有して、依頼しなくてはいけません。

では、具体的にどのように目的やゴールを設定していくのでしょうか？

例えば、チラシを作る、パンフレットを作る、ポスターを作る、Ｗｅｂサイトを作る。そんなときに、「なぜ、それらを制作しようと思ったのか」「制作することでどのような状態になることを目指しているのか」というようなものが目的です。

つまり、**「誰に」「何を」「なぜ」**が、目的になります。そして、**「いつ」「どのくらい」「どうしたい」**が、目標になります。

例えば、栄養ドリンクのＰＲだとしましょう。

「ビタミンの配合が新しくなった新商品をＰＲして、疲れが抜けない30代、40代の働く女性を新商品で応援したい」

これが目的です。コンセプトとも言い換えられます。それに対して「12月中に客単価１５００円で５００名に販売したい」というのが数値目標になります。

デザイナーが事業の目的、コンセプトや目標、方向性を理解するのに情報は多ければ多いほどいいのです。そのコンセプトにたどりついた経緯や現状抱えている課題などがあるのであればそれも添えるとより理解が深まります。

このように目的・目標・コンセプトなどをしっかり整理して共有することが本来必要です。

目的・ゴールの共有は「どのような山を一緒に登るか」の提示です。どんな山に登るかを伝えずに山を登ることはできません。その提示された山に向かって、デザイナーはルートを選び山頂を目指すのです。

さらに深く情報を共有する

今回制作するものが事業全体で見るとどのようなポジションなのかも伝えておけるといいです。

例えば、「Ｗｅｂサイトで行う大きいキャンペーンの補助的に使用するチラシです」であるとか「今回はチラシの新聞折り込みのみで集客を行います」なのか。

事業全体の中で今回の制作物がどれくらいのウェイトを占めているかもデザインを考えていく上では重要です。

Ｗｅｂサイトで行う大きいキャンペーンの補助的に使用するチラシなのであれば、ＷｅｂサイトへのF導線をどのように、わかりやすく伝えられるデザインにするか？　というところに絞ってデザインを考えることができますし、チラシの新聞折り込みのみで集客するのであれば、新聞折り込みされ、他のチラシと束になったときにどのように目に留まるようにするかデザインを考えることができます。マーケティングに強いデザイナーであれば、新聞に折り込む曜日に合わせて戦略を練ったりするかもしれません。デザイナーによって何を考えるかは異なりますが、全体像を知ることでもそれに合わせてデザインを検討することができるのです。

目的・ゴールが設定できたら、ここに数値目標も合わせてデザイナーに伝えるようにしましょう。

☑お問合せ件数　☑来店数　☑売上げ　☑利益　☑アクセス数

などです。

数字は漠然としていたイメージを具体的にするのに役立ちます。可能な限り目的を具体的にするために数値を目標に落とし込んで伝えるようにしましょう。するとデザイナーは事業全体の規模感も把握することができるようになります。

発注時の共有と伝達事項

発注の際に伝えるといいことを一覧にまとめました。ビジネスで役立つ印刷物を作るための発注概要ですので、ぜひ活用してもらえたらと思います。

まず左記のことは発注前に考え、デザイナーと共有するようにしましょう。

発注する際のチェック項目

■共有事項

目的・ゴール	今回の制作物の最終的な目標やゴールを共有します。 誰に　何を　なぜ？
数値目標	目的・ゴールを数値目標に落とし込んでそれを共有します。 いつ　どのくらい　どうしたい
プロジェクトの全体像	部分的に切り取ってデザインを依頼するのではなく、プロジェクトのコンセプトや全体像を伝えるだけで、デザイナーの理解度は大きく変化し、プロジェクト全体を見た提案ができるようになります。
ターゲット	ターゲットは最も重要な項目です。誰の気持ちをデザインで引きつければよいのかは世代や性別、趣味、関心事によって変わってきます。
ターゲットのニーズ	設定したターゲットのどのようなニーズに応えるかも事前に検討して共有することで、より効果の高いチラシになります。
目にしたターゲットがどのように感じるか？	制作物を目にしたターゲットの反応を狙います。例えば、ダイエットに関するチラシだとしたら「私も10キロ痩せられそう」「手軽そう」「友達にすすめたい」など、感じて欲しいことから逆算して制作が可能になります。

最も伝えたいこと	チラシを手に取った人にどのようなことを一番伝えたいでしょうか？1つのデザインに1つのメッセージを絞って考えてみてください。一番伝えたいことがぼんやりしたまま制作すると、ぼんやりした制作物が仕上がってしまいます。デザインは想いを形にしたもの。ぼんやりした想いから生まれるのはぼんやりしたデザインです。
制作物上のゴール	制作物を手にした人がどの行動を取るまでがこの制作物の仕事なのか考えておきます。 ・内容を知ってもらえればいい ・保管する ・誰かにシェアする ・お問合せする ・来店する ・Ｗｅｂサイトを閲覧する など、どのような行動をとってもらうのか考えておきましょう。

発注事項

スケジュール	希望の納期を伝えるのはもちろん、プロジェクト全体がどのように動いているかを共有しておきましょう。希望の納期を起点にした場合の素材、原稿の締切、デザイン案が仕上がる日程、校了日、発送日などは発注時に確認し、関係者で共有しておくと作業が遅延しにくくなります。
仕様	片面か、両面か、フルカラーかモノクロか、など。折加工や封入、箔押し、ミシン目などのオプションが決まっていればそれも見積もりに必要になります。デザイナーに相談してから決定するのでもまったく遅くはありません。
印刷部数	印刷部数は配布方法や目標数値から逆算して検討してください。目標数値をしっかりと決定することが重要です。
配送先	配送先が複数箇所ある場合はどこに何部送るかを事前に伝えてください。配送先が複数箇所の場合見積が変更になることもあります。
配布方法	配布方法によってデザインは若干変化します。例えば、チラシをＤＭで送るのか、ラックに設置するのか、ポスティングするのか、手渡しするのかでは配布状況に合わせて提案する内容が変わります。複合的に使用する場合はそれも合わせて相談しましょう。
予算	予算が決まっているようであれば、隠さずに事前に伝えておきましょう。予算内で無理のない提案をしてもらうようにしましょう。

デザインを正式発注する前に確認しておくべきことは？

デザインの正式発注前に確認しておくべきことは次のとおりです。

1．納期・制作期間

希望する納期で制作が間に合うのか、確認が必要です。デザイン期間、校正期間、印刷期間など、それぞれどのようなスケジュールで進めていくのかを頭に入れてスタートしましょう。

2．見積金額と作業範囲

「見積もり金額がどこまでを含んでいるか」が明確でない箇所があれば、確認しておいてください。ライティング料は含まれているか否か。修正回数（校正）は制限があるのか無制限なのか。印刷代は含まれているのか別途必要なのか――など、見積もりに含まれている作業範囲がどこまでお願いできるのか、不明点があれば発注前に確認してください。

3. 納品物に問題が発生した場合の対応

例えば、デザイナーが原稿を打ち間違えてしまって誤字が発生した場合に、どちらの責任になるか？　といったことを確認しておきましょう。この場合はデザイナーの入力ミスではありますが、校正は発注者側が行っているとすると発注者側の責任になることもあります。

また印刷や配送のトラブルで必要な日程までに届かなかった場合はどうなるのかなど、気になることがあれば、トラブルに関しても事前に確認しておくようにしてください。契約書を交わす場合もあれば、金額が少額の発注であれば制作上の約束という形で提示される場合もあるかもしれません。

ここで挙げた３つは依頼側とデザイナーの双方が気持ちよく仕事をする上で最低限、そしてとても重要なことです。良いデザインが仕上がったのに、最後に味噌をつけなくてはいけなくなるのはお互いに悲しいことです。すべてクリアになってから着手しましょう。

契約書を交わす場合

小規模な制作ではあまり行いませんが、発注の規模が大きくなる場合は、トラブルを防ぐために事前に契約書を取り交わすことがあります。

特にトラブルになりやすいポイントとして次のような点が挙げられますので、契約書を交わす際に契約内容がどのように記載されているかをチェックしてから記名押印するようにしましょう。

契約書を取り交わさない場合でも、サービス提供における規約があり、それに同意するということがあるかもしれません。契約書や規約などは難しい文章が長々と書いてあり、読むのが面倒だと感じる方も多いかもしれませんが、特に下記に関わる項目は面倒でも目を通すようにしてください。

(1) 作業範囲
(2) 納期と遅延があった場合の対処
(3) キャンセルの場合のキャンセル料
(4) 商品に問題が生じた場合の責任の所在
(5) 修正に関するルール
(6) データの所有権について

契約書がどのような内容だから良い、どのような内容だから悪いということではありません。どのようなルールに基づいて行うかを理解した上で取引することが重要です。

例えば、制作した印刷物内に誤字脱字があった場合に誰が責任を負うかを理解していれば、校正に対する意識も変わってくるでしょう。

自分に責任があると理解していればその意識で校正を行うと思います。曖昧になっていれば他人任せになり、結局自分が費用を負担して再印刷をしなくてはいけなくなってしまうかもしれません。取引内容をしっかりと理解するということはとても重要です。

契約書を取り交わさず、規約などもないという場合、あるいは前述した6つの項目で不明点がある場合は発注書などを準備して発注側から今回の作業範囲を明確に伝えてもいいでしょう。

いちばんよくないのは、電話や打ち合わせの場での口約束で済ませてしまうことです。相手を信頼しているからと思われるかもしれませんが、人間の記憶というのは実に曖昧です。言った本人でさえ、言ったことを忘れてしまうことがあります。ビジネスシーンで言った、言わないの問題ほど不毛なことはありません。文書、メール、FAXなど、なんでもけっこうですから、**形に残すようにして**ください。

スケジュールの決定

スケジュールは無理のない進行を事前に検討し、共有しておく必要があります。重要なのは納期ですが、曖昧に制作を進めてしまうケースが少なくありません。発注する側からも「なる早で」という要望や、逆に「いつでも大丈夫」という納期の指定をされる方がいるのですが、これは表現が曖昧でトラブルになりやすいため、できるだけ日を決めて要望として伝えるようにしましょう。

納品希望日は数値目標の一つです。無理なく達成できそうな日程をデザイナーと一緒に考えましょう。

どれくらいの日数が必要かはデザイナーによっても前後します。作業工程が多い場合、少ない場合など、その時の作業状況でも変わってくることがあります。希望は伝えつつも一方的にならないように左記のような伝え方をするとスムーズです。

「今回制作するチラシは販売日の1週間前に配布を開始したいと考えていて、その前日にあたる○月○日までには手元にチラシが欲しいと考えています。制作に必要な素材などは○月○日までに準備できる見込みです。いつまでに校了（レイアウトデザインをすべて終えること）すれば印刷物の納品が間に合うか、そして仮に難しい場合どのようなスケジュールであれば可能かを教えてください」

というように聞いてみましょう。

プロジェクト全体のスケジュール、商品が必要な日程、校了日、難しい場合の代替案を先に聞いておくと、万が一、無理なスケジュールをこちらがお願いしている場合でも、デザイナーからの提案を受ける余地があることが伝わりますのでスケジュールを組みやすくなります。

あまり無理なスケジュールを組んでしまうと良い結果に繋がりにくいのである程度ゆとりをもって制作が進められるように話し合いを行うことが重要です。

デザイン制作のフロー

デザイン制作を依頼した場合、どのようなフローで作業が進められていくかはデザイナーによっても若干違いがあります。不明点がある場合は作業の進め方に関しても発注前に確認しておきましょう。

制作のフロー【A社の例】

① ヒアリング
↓
② プレゼンテーション・見積提案
↓
③ 契約
↓
④ 制作開始
↓
⑤ 校正
↓
⑥ 印刷
↓
⑦ 納品

制作のフロー【B社の例】

① ヒアリング
↓
② 見積もり
↓
③ 原稿提出
↓
④ デザイン案提出
↓
⑤ 校正
↓
⑥ 印刷
↓
⑦ 納品

A社タイプとB社タイプで異なるのは、デザインに入る前にプレゼンテーションやラフ案をはさんで方向性を決めてから進めるか、ある程度希望を聞いて原稿や素材を基にすぐにデザイン案を提出するかという点です。

制作規模が大きい場合はA社のような進め方が多く、規模が小さい制作ではB社のタイ

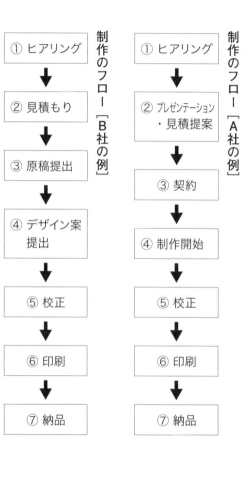

プで進めることが多いです。これはデザイン会社によって進め方が違います。

発注先が個人のデザイナーの場合

フリーで活動しているデザイナーに依頼する場合はどのようなスタイルで仕事をしているかを把握しておくといいでしょう。休日・営業日なども法人などと違って不定期で決まっていない場合もありますし、ほかの仕事と並行して受注している場合などはスケジュールが変動がする場合もあります。

フリーランスのデザイナーの働き方はさまざまであり、法人に近い形で営業する個人のデザイナーもいれば、副業的に夜間や休日を使ってデザインの仕事をする人もいます。実は私も開業したてのころは個人のデザイナーとして昼間は広告会社でアルバイト、夜は自分が請けた仕事をこなすという日々を2年ほど送っていました。そのころは、打ち合わせを夕方以降に行ってもらったり、アルバイトが休みの日を選んでという形で行っており、それで不都合がある場合はお断りするようにしていました。

発注に関するやり取りをしていると、作業の時間帯は大体何時くらいなのかはわかってくると思いますが、気になることがあれば事前に確認しておきましょう。

見積もりを依頼する

Webサイトなどに料金が明確に表示されている場合は少ないと思います。どのようなデザインを依頼するか、ミーティングやヒアリングを経て見積もりを出してもらうという進め方が多くなります。

見積もり金額に関してわかりにくいと感じるケースもあるかもしれません。相見積もりをとってみたけれど、合計金額だけみても費用の違いがどこにあるかわからないという場合もあると思います。

下図は中綴じ8ペー

御見積書

No.　M1520
2019/12/24

株式会社ABCDEFG　御中

下記の通り御見積り申し上げます。

合計金額　¥275,000

税抜合計　250,000　消費税額　25,000
納入期日：　別途打合せ　有効期限：　二週間以内

品名	数量	単位	単価	金額
◆ディレクション料	1	式	50,000	50,000
◆デザイン料 8ページ	8	ページ	10,000	80,000
◆印刷代 (中綴じ8P　マットコート135kg　500部)	1	式	120,000	120,000

小計　250,000

備考

パンフレット制作時の見積もり書

ジのパンフレット制作時の見積もり例です。
このように、ある程度の内訳が表記されている場合もあれば、トータルの金額のみが提示される場合もあります。

見積もりをこれから依頼するという場合に、左記のことをわかる範囲でいいので発注側から伝えるとよりスムーズなやり取りができます。

(1)　希望納期
(2)　制作物の仕様（ページ数、カラー、サイズ、用紙などの希望）
(3)　予算
(4)　その他、制作に関する要望（3案から選びたい、特殊な用紙を使いたい、配送先を複数お願いしたい、ロゴも作ってほしい、など）

事前に可能な限り情報を伝えると制作がスムーズになるだけではなく、最初の見積もりからの変更が少なく、予定している金額で進めやすくなります。

制作スタイルについて

デザイナーによって仕事の進め方はさまざまです。対面で打ち合わせを行って進めていくデザイナーもいれば、ヒアリングから納品までをインターネット上のやり取りだけで完結させるデザイナーもいます。

いろいろなスタイルがありますが、対面なのか、メールなのか、電話なのか、コミュニケーションのツールが異なるだけで、情報共有すべき内容に大きな違いはありません。どのような制作スタイルであっても、これまでにお伝えしたような項目を共有することで、デザイナーの発注側に対する理解が深まり、より目的達成に向けたデザインを提案することができるようになります。

ただし、対面で進める場合とメールで進める場合の違いがないわけではありません。共有する情報が同じでも、受け取った情報に対して、**対面で会話のキャッチボール**をすることで話が広がり、アイディアが出やすくなったり、お互いの表情などからキャッチする情報もあるので、会話の中から相手の反応を読み取り、よりよいデザインの提案がしやすくなったりします。発注者の表情を見ていて「あ、今の提案はピンと来ていないかな」「今の提案は面白がってもらえているな」というようなことが理解できたりします。

　実際に私の会社は両方のスタイルで仕事をしているため、やはり対面で話しているほうが共有する情報量が多いと感じます。しかし、当然インターネットだけで制作を進めるほうが**制作時間を圧縮**できるため、ヒアリングや発注をていねいに行えば予算を抑えられるという大きなメリットがあります。ある程度方向性が決まっていて、メールなどの情報共有でデザインのイメージや目的などが伝えられるようであれば、メールや電話を上手に使って制作を進めるのもおすすめです。

第3章

デザインの処方箋

～デザイン制作64のお悩みに答えます

1　発注前の悩み・疑問を解決

Q1　制作期間はどれくらい？

制作期間はそれぞれデザイナーの仕事の状況や、作業範囲、各デザイナーが設けているルールなどによって違います。

そのデザイナーが決めている制作期間を理解して、無理のない発注を心がけると結果的に良いものが仕上がる傾向が高いのです。急ぎの仕事と、通常納期の仕事を比べると、後から誤字脱字が見つかったりするのは確実に前者です。

発注者側も納期が短いと焦りが出てきます。すると見落としがあったりして、せっかく急いで作ったのにやり直しになったりします。

制作スケジュールに計画性がない人はプロジェクト全体のスケジュールの見積もりが甘いケースが多く見受けられます。**自分一人ですべて仕事するなら良いかもしれませんが、他人とコミュニケーションをとりながら進めるにはあまりにタイトであるという場合が少なくない**のです。多少、ゆとりを持ったスケジュールにすることを最初から念頭に置いておくといいでしょう。

とにかくバタバタと焦って進めたプロジェクトはリスケジュールすることが多く、そのようなケースではデザインの制作だけではなく、プロジェクト全体の進め方も見直す必要が出てくるかもしれません。

逆に、**制作期間がただ長ければいいというものでもありません。制作期間を長くとっているとその間に迷いが生じてしまい、結局何度も修正を重ねる結果になったりします。**

そうならないためにも事前にしっかりと方向を決定し、それをデザイナーと決めた期間で制作を進めるというのが理想的です。制作期間を上手に見積もれると、デザインの制作だけではなく、仕事やプロジェクトもスムーズに進むからです。

Q2　急ぎで作ってもらいたいときはどうすればいい？

急ぎで制作を依頼したい場合は、まずは綿密なスケジュールの確認をデザイナー側と行うことが大切です。急いでデザインしてもらってもデザインの確認作業に時間がかかってしまって、デザイン作業での急ぎがムダになってしまう、というケースは少なくありません。

急ぎで制作するということは、デザイナーだけが急ぐのではなく、発注者側の迅速な対応が求められることになります。ですから、発注者側もその急ぎのスケジュールで確認・

修正作業が行えるのか、事前にスケジュールをよくチェックしておく必要があるのです。

デザイナーが急いで制作をしたが、発注者側の対応が遅れて結局スケジュールを再調整することになったというケースはよくあります。工程をしっかり理解し、スケジュールを空けておけば、あなたの希望どおりに制作が進めやすくなります。


またその際に、過去の制作でNGになったことなどがあれば事前に伝えておくようにするのもポイントです。

「上司がこの表記が好きではなく、以前作り直しになったことがあります」や「この写真のこの人はもう辞めてしまったのですが、以前会社のパンフレットに入ってしまって問題になりました」や「社長がピンクを使うと怒ります」など、初めて依頼するデザイナーが知らない過去の問題やNGなことがあれば事前に共有するようにしておきましょう。

防げる手戻りはなるべく事前に対処しておくように配慮しましょう。手戻りを防げればデザインも早く仕上がり、使用開始も早くできます。特にビジネスシーンではスピード感を求められることは多いです。

ただ焦ったり、急いたりするのではなく、落ち着いてできることを着々と進めるという意識が大切です。

Q3　成果を出すためには何部印刷したらいい？

お客様から多く聞かれるのが「どれくらい印刷したらいいでしょう？」という質問です。こればかりは、配布方法や配布場所、目標の数値などを合わせて**逆算する**しかありません。

まず、配布方法としてどんな方法を考えているのでしょうか。配布方法は大きく「積極的な配布」と「待ちの配布」の２つに分けられます。

積極的な配布方法はお客様の手元まで届けるＤＭや新聞折り込み、ポスティング、手渡しなどを指します。

待ちの配布方法は、お客様が手に取ってくれる場所に設置する方法です。店内やイベント会場のラックに設置する、などをイメージしてもらうといいでしょう。

配布方法によって印刷部数は変わります。積極的な方法の場合は一気に大量枚数を撒けますし、待ちの配布方法であれば、配布場所の数によりますが、比較的ゆるやかにはけていきます。

そして、新聞折り込みやポスティングのように配布部数に上限がない場合は、予算で区切るか、または目標数値を基に決定するといいでしょう。

一般的にチラシを配布したときの反響率は０・０１〜１％くらいだと言われています。

ただし、これはチラシの内容によって大きく差が出てくるものなので、あまり参考になりません。無料のオファーであれば反響率は高くなります。

ですが、目標数値に対してどれくらいの部数を印刷するかを考えるときの参考にはなります。また配布の実績ができてくると、自社の商品やサービスが大体どれくらいの反響率なのかについての傾向は見えてくるはずです。

例えば、筆者の会社でイベントを開催して広告を打った場合、大体0・1％の人が購入につながっている数字が出ています。こうした数字が蓄積されているとより戦略が取りやすくなります。

1万人に1人がお客様になるのか、100人に1人がお客様になるのかでは大きく印刷枚数が変わってきます。10人の申し込みが欲しいと考えたときに1000部印刷すればいいのか、10万部印刷するのかでは制作規模が変わってくることは簡単に想像がつくでしょう。こうしたことをあらかじめ整理してデザイナーと共有しておく、または事前に相談しておくことは、とても大切です。

反響率は内容によって変わってくると前述しましたが、0・01％を1％にすることは難しくても、デザインがその反響率を上げる手助けをすることはできます。0・01％を0・1％くらいまで引き上げることは、場合によっては可能なのです。

内容が変わるとこの数値は大きく変わってきてしまうので正確に測ることはできませんが、他のチラシに比べて30倍近く反響が多かったチラシをここに1点紹介します。過去に弊社で企画したコンサートチラシです。

このチラシはデザインだけでなく、企画も作りこまれ、かなり変わったコンサートでしたので一概にデザインだけの結果とは言い切れません。

とはいえ、目に留まらないことには企画を知るきっかけもないわけですから、多くの人の目に留まり、手に取ってもらったことには違いないと考えています。

反響が多かったチラシ

Q4 デザインで成果をあげるために気をつけるべきことは?

目標達成を実現するデザインを作る場合は、まずはデザイナーと目標をしっかり**共有することが**大切です。「今回のデザインを制作してどのような効果を得たいか」をより具体的な数字で共有するようにしましょう。この数字がデザインを考える上での検討の材料になります。

印刷物ですと印刷部数や配布方法などを最終決定する際に検討材料となりますし、**Webのプロモーションであれば目標のアクセス数、クリック数、コンバージョン率、ページビュー数などを決めておきます。**これを共有しておくことでデザイナーともスムーズなやり取りができます。

大きなプロジェクトであれば、この目的・ゴールや目標数値の決定を当たり前のように設定していると思いますが、小さな事業や小さな規模になってくるほどおろそかになってくる傾向が強いです。

この部分をデザイナーと共有することがデザインの仕上がりと結果を大きく左右しますので、面倒がらずに、ぜひ発注前に検討してもらいたいと思います。

実は、デザイナーはこういった情報を知っていても、知らなくてもデザインはできてしまいますので、もしかしたら、デザイナーによってはヒアリングもしないかもしれません。デザインの要望だけ聞いてデザインを進めてしまう人も中にはいます。

ですから、聞かれたら答えられるように、聞かれなければ積極的に伝えられるように準備しておくようにしましょう。発注の際に伝えるべきことを発注概要として紹介しましたが、これをしっかり関わる人たちと共有することが重要です。

情報共有の重要性はデザインの制作に限ったことではありませんが、デザイン制作においてはデザインの出来を左右する重要な情報ばかりです。デザインの要望を伝えたから大丈夫と思わずに、しっかりと共有してプロジェクト全体の方向性を共有することでスムーズな制作が可能になります。

また、**デザイナーだけに伝えるのではなく、社内で一緒に仕事している関係者がいるのであれば、その人たちとも方向性を共有して**おきましょう。全会一致していれば、デザインが仕上がってから全然違う意見を後出ししてきた人がいたとしても、デザインを一から作り直したり……といった事態を防ぎやすくなります。

目的・ゴール、数値目標はじめ、ターゲット、配布方法、配布数などの発注情報をすべて共有することで何か意見が出たとしても、「なぜ、そのようなデザインになったのか」を説明ができるので、そのデザインである必然性を説得しやすくなるのです。

デザイナーも助かりますが、プロジェクトをスケジュールの中で進めていくという意味では、依頼側にとってもメリットが大きいはずです。

Q5 デザインに使用する素材は自分で用意するの？

素材は発注者が用意するケースもあれば、デザイナーが用意する場合も出てきます。制作物によって変わりますので、デザインの打ち合わせの時点で確認しておくようにしましょう。

例えば、エステサロンのチラシを制作する場合、すでにある店舗写真を使うのか、今回新たに撮影を行うのか、フリー素材を使用するのかでも変わってきます。

すでにプロのカメラマンに撮影してもらった写真素材などがあれば、それを使用してデザイン制作することも可能ですし、今回のデザインをコンセプトからデザイナーと作る場合は、その写真がコンセプトと合わなければ再度撮影する必要が出てくるかもしれません。

フリー素材を使用して制作した場合は、打ち合わせの際にデザイナーに相談すればフリー素材などはデザイナー側で用意できるケースが多いです。ただし、使用する素材によっては別途料金になる場合もあります。**使用する写真はデザインの印象を大きく左右するものですので、打ち合わせの際にしっかりと方向性を決めて素材をどうするかを事前に話し**

合っておきましょう。

Q6　数値目標の達成や成果をデザイナーに求めてもいいの？

数値目標を共有することをおすすめしていますが、その達成責任まで保証するデザイナーはほとんどいません（稀にコンサルタントをセットにしたデザイナーもいるかと思いますが）。

原則として、デザイナーはコンサルタントではありませんので、成果を求めてもそれを保証するデザイナーは少ないと思っておいたほうが無難です。

私がセミナーなどでお話しすることで**「企画が９割」**という言葉があります。成功するか失敗するかは、企画・事業アイディアの時点で大体決まっているのです。残りの１割が伝え方です。この１割次第で９割を占める企画がどのように世の中に評価されるか、結果に大きな違いが出てきます。

それくらいビジネスにおける企画自体の価値というものは大きく、それと同時に伝え方も大切なのです。いい結果が出たことを喜ばないデザイナーはいません。ただし同時に、その責任をデザイナーだけで解決することもできないのです。

発注者がいい企画・事業を作り、それをデザイナーの力を使って最大にしていく――そんな共同作業を目指してもらえたらと思います。

Q7　見積もり金額の値下げ交渉はできる？

見積もり金額の値下げ交渉は、できる場合とできない場合があり、ケースによって受けてもらえることはあります。

一番多いのは、デザイナーが自身の制作実績を増やしたい場合です。デザイナーにとって仕事受注に大きく関わるのが「過去の実績」です。実績が多いほうがあなたも発注しやすいと思います。ですから、デザイナーは制作実績を増やしていきたいと思っています。Webサイトなどに制作実績をサンプルとして掲載することをOKしてもらえると、デザイナーにとってはとてもありがたいことです。その制作物が自分のデザインとして納得できるものであり、自分の仕事として自慢したくなるようなものであることも重要です。実績を増やしたいと思っているデザイナーであれば、実績の紹介などに協力することで多少の値段交渉は可能かもしれません。

大手企業の仕事などは、自身の実績に箔をつけるために安く受けているという人もいます。別に実績になるような大企業ではないけれど、値下げ交渉をしたい場合は、今回準備できる予算を発注者側から告げることを意識してみてください。

例えば、このような伝え方ができるかもしれません。

「見積もりをいただき、ありがとうございます。御社のデザインが素晴らしいと感じており、ぜひご一緒に仕事をしたい、依頼したいと思っているのですが、プロジェクトで決めたデザインの予算が3万円となっており、御社の見積もりでは予算オーバーになってしまうことがわかりました。
ぜひ御社にお願いしたいという気持ちが非常に強く、何か当方が作業負担することで3万円でデザインをお願いできる方法はありませんでしょうか？　無理を申し上げていることは重々承知しております。何かご提案があれば幸いです」

重要なことは、「なぜこのデザイナーに依頼したいのか」「なぜ値下げが必要なのか」「発注者側も何かしらの負担を負うことができる」と、気持ちをしっかりと伝えることです。
予定作業範囲にライティングや写真撮影が含まれている場合はそれを発注者側が準備するという提案や、実績をＷｅｂなどで公開にすることを承諾するという提案、印刷が含まれている場合はデザインのみの受注に切り替えるなど、方法はゼロではありません。譲れるところと譲れないところをあらかじめ考えておくと話がスムーズです。

それでも、カットできる工程がなく、値下げが難しければ断られることもあると思います。ですが、決して悪い関係になることはありませんから、断られたとしても「次回以降の予算組の際にはなるべく予算を取れるようにがんばります。検討していただきありがとうございました」と感謝の気持ちを伝えておきましょう。必ず、今後の仕事で力になってくれるときが来るはずです。

値下げ交渉は、明確な理由と相手の仕事への誠意を持って行いましょう。

Q8 相見積もりの金額の違いってなに？

デザインの値段は外側から見るとブラックボックスのように見えるかもしれません。正直なところ、デザイナーから提示された金額が高いのか安いのか、よくわからないかもしれません。

これに関してはデザイナー、デザイン会社によってピンからキリまであり、さらにとても大きなデザイン会社であっても、実績として欲しい仕事であれば安く仕事を受けるケースもあったりして、「一律こんな金額です」と明確にお伝えするのは難しいのです。

たまに見積り依頼をいただいた際に、お客様から「他社の見積もりでは○万円でしたが、なぜ御社は△万円なのですか？」と聞かれます。作業範囲が見えにくいですし、同じ商品をＥＣサイトで価格比較して買うわけではないので、不思議に思われる気持ち、聞きたくなる気持ちはとてもよくわかります。

ですが、これはとても難しい質問なのです。他社の作業範囲が違う場合もありますし、デザイン料についてはデザイナーや会社によって考え方も違ってくるからです。

例えば、弊社の場合では「（ページ数×単価２万５０００円）＋（実費×２）＋消費税＝制作料金」を基に見積もりを考えていますが、依頼内容によって単価を調整する場合もありますし、ここにディレクション料や素材、撮影など別途加算される場合もあり、発注の内容によってかなり金額は変動します。

例えば、Ａ４の両面チラシを１０００部依頼する場合でも、10万円（もしくはそれ以上）でデザインする人もいれば、５万円でデザインする人、１万円で制作する人と、さまざまです。

そんな金額の裏には作業工程の違いなどが考えられます。

あくまでも一般論としてお伝えすると、１万円程度の金額でデザインする場合は基本的にチラシにする原稿や素材をすべて揃えてもらって制作を行うと考えてください。ラフ案（大体どのようなレイアウトにしたいか）も発注者側が用意する場合があります。

「発注者の希望のレイアウトになるからいいのでは？」と思われるかもしれませんが、レイアウトはデザイナーの仕事の一つです。それをカットすることで、安さを実現していることになります。レイアウトによって読みやすさや伝わりやすさ、制作物の出来が変わってきます。そのことを念頭においた上で依頼する必要があります。

5万円程度でデザインする場合は、原稿などは発注者側で用意していただく代わりに、その他の必要となる素材の準備やレイアウト、デザインを仕上げるまでは一貫してデザイナーが行うケースが多いです。

10万円を超える場合、その作業範囲がかなり広くなっている場合があります（そうでない場合もあります）。ヒアリングを行った上でコンセプトを作り、デザインの戦略を練って、それに基づいて写真撮影、素材の準備、ライティングなども行った上でデザインの制作を行い、印刷用紙の選定や印刷の仕上がり具合などまでチェックし、納品するというような工程で制作を行います。

こうした作業範囲はデザイナーやデザイン会社によって異なりますので、相見積もりを取る場合などは作業工程、作業範囲を確認してお願いしないと、判断が難しい結果になってしまいます。

同じチラシを作るのだからと、1万円で仕事を請けている人に10万円で請けているデザイナーと同じだけの作業を求めてしまう人が稀にいますが、これは例えるなら、コンビニのお弁当に高級レストランの味を求めているようなもの。そのデザイナーが提供するサービス内容を理解して発注することで、齟齬《そご》なく仕事を進めることができます。

Q9　過去の実績の提出を依頼するのは失礼なこと？

これはまったく失礼ではありません。もし、これで怒り出すデザイナーがいるとしたらよっぽどプライドが高いか、実績がないかどちらかなのでしょう。

デザイナーにとっては、過去の作品を見てもらえるというのはむしろうれしいことですし、自分たちのデザインの方向性が発注者の求めているものと合っているか確認できるので（お互いの）メリットになります。

見せてもらった実績の中にイメージしているデザインがない場合は、イメージしているデザインのテイストを提示してみると良いと思います。

過去の実績がそのデザイナーのすべてではありませんので、デザインの技術に問題なく、人間として信頼のできるデザイナーであれば、新しいデザインに一緒にチャレンジしてもらうのもいいでしょう。

デザイナーは新しいこと、クリエイティブなことが大好きな人が多いので、その気持ちをかき立てると、発注者側の想像を超える仕上がりになるかもしれません。

Q10 正式発注前にデザインを見せてもらうことはできる？

正式発注前に完成のデザイン案を見ることができたら、発注側としては安心できます。しかしその案が気に入らなくて、「やはり、発注はやめます」と言われてしまったら、デザイナーはそのデザインを0円で作ったことになってしまいます。

レストランに入って、「味が気に入ったら食事代を支払うことでもいいですか？」と尋ねる人はいません。食べてみてまずかったと思っても、支払います。

しかし、デザインの現場では発注前に具体的な提案を見せてほしいという要望をいただくことが実は多いのです。

すでに信頼関係が過去の制作によって築けていたり、金額にかかわらず何かしらそのリスクを背負うだけの見返り（実績ができる、人脈が広がるなど）があると判断して、リスクを承知で取り組むデザイナーもいます。デザインのコンペが成り立つのもこういった背景からです。

しかし、デザイナーの負担を考える必要はあると思っています。確かにこれから制作するものへの不安はあるでしょうが、過去の実績や話し合いの内容を充実させることで、事前に確認しなくても納得のいくデザインを仕上げる方法はあります。

Q11　原稿は自分で用意したほうがいい？　ライターに頼んだほうがいい？

予算と良質なライターに人脈があれば、原稿に関しては頼んだほうがいいです。ですが予算が厳しくて、人脈もないなら自分で用意するほうがいいでしょう。

最近ではフリーのライターさんにスキル・マーケットなどを介して簡単に仕事の依頼ができるようになりましたが、その能力はピンキリです。

サービスや商品の魅力を他人が的確に文章にすることはなかなか大変ですから、信頼できるライターが身の回りにいない場合は、自分でがんばって準備することをおすすめします。伝えたいという強い想いがあれば、その想いは必ず文章から伝わります。

自分で原稿を用意するのが苦手という人はまずは書けるだけ書いて、周りの友人知人や仕事を依頼するデザイナーに見てもらえないかお願いしてみるといいでしょう。

自分のサービスや商品を自分の視点だけから見ていると、お客様が知りたいことが抜け落ちてしまったり、お客様に響く言葉が出てこなかったりします。第三者の視点というのはとても重要です。

デザイナーもわざわざ原稿をチェックすると言わないかもしれませんが、相談されれば第三の目になって原稿をチェックしてくれるはずです。

デザインしていく上で、適切な原稿の量であったり、伝わる文章で作られた原稿はデザインを進めやすく、表現の幅が広がります。

Q12 デザインのサイズで費用は変わる?

費用はデザインするサイズで変わる場合が多いです。実は、名刺のような小さなスペースをデザインするのも簡単ではありません。

ですが、やはり名刺・チラシ・ポスター・看板などサイズが大きくなるにつれて、制作するデータサイズも大きくなり、処理に時間がかかることもあって、費用は変わってくるケースが多いようです。この辺りはデザイナーの料金設定によって変わってきますので、その都度、見積もりを取るのがいいでしょう。

サイズの他、加工によっても見積もりは随分変わります。サイズだけではなく、どのような加工が必要かも事前に確認するようにしましょう。

Q13 相談するだけでも大丈夫?

デザイナーにとっては、「とりあえず、相談だけ」というのがどれくらいの気持ちなのかが気になります。もちろん、発注前に相談をいただけるのはうれしいです。まずはそこからスタートなのですが、ご相談で求められるレベルによっては、場合によって料金が発生することもあります。

・過去の実績を見ながら、自分の作りたいデザインの制作が可能か知りたい。
・プロジェクトの話をして目標を共有しながら提案が可能か確認したい。
・作業の流れを事前に聞きたい。

などであれば、どれも発注前の相談が可能でしょう。

逆に、散々話をしたけど、実は予算が全然なくて最初から頼む気があまりなかった。アイディアだけが欲しかった、というのであればルール違反です。

先に自分の予算内で可能かどうかを確認してから相談に訪れるようにしましょう。その上で、話をして自分の方向性と違うと感じれば発注しなくてもいいと思います。特にその理由を伝える必要もないでしょう。

デザイナーも貴重な時間を割いて、話をしています。相手側の時間を尊重する気持ちを持つことも大切です。

相談の時点では営業が対応し、デザイナーが同席しないケースもあるかと思います。気になっていることをデザイナーと直接話してみたいと思う場合は、デザイナーの同席が可能か聞いてみるといいでしょう。

Q14 発注することになった場合、どのような手順で進めるの？

発注の準備をします。まずは第2章に挙げた制作に関するベースとなる発注概要を伝えられるよう整理します。そして、必要に応じて制作に必要な素材や原稿をまとめていきます。

これは発注内容によっても変わってきますが、ライティングなども含めて依頼する場合、原稿などは準備しなくていいと思いますが、原稿を自分で用意する場合は執筆するか、第三者に依頼しましょう。原稿の段階でも一度は、誤字脱字をチェックしておくようにしましょう。誤字脱字をチェックする場合は黙読せず、音読すると間違いが見つかりやすくなります。デザイン後は、デザインに気を取られて誤字脱字を見落としがちになるので、第三者による事前のチェックがおすすめです。

用意すべき素材ですが、印刷物に使用する場合、画像は基データを送るようにしましょう。印刷物に適したサイズの調整はデザイナーが行いますので、小さく使う場合でも基の大きいサイズで送っておくようにしましょう。

Ｗｅｂサイトに使用しているロゴデータや画像を送ってくる方がとても多いのですが、Ｗｅｂサイトは画質、サイズをかなり落として使用しているケースが多いので、印刷に使用するのに向きません。画像の美しさは仕上がりを左右するので可能な限り基のサイズで送るようにしましょう。

データのサイズが大きくてメールで送れない場合は、ファイルにまとめて大容量データ送信サービスを使うといいでしょう。いくつか使いやすいサービスを上げておきます。

データ便　https://www.datadeliver.net/
Firestorage　http://firestorage.jp/
ギガファイル便　https://gigafile.nu/

Q15 契約書は交わしたほうがいい？

規模の大きな発注でなければ契約書を交わさずにデザインに着手するケースが多いです。名刺１枚、チラシ１ページをデザインするために契約書を作るところは稀だと思います。

仕事に慣れたデザイナーであれば規約のようなものが用意されていて、その内容に同意してサインする程度で仕事を進めていくことになると思います。

口約束のみで仕事が進んでしまうケースもあると思いますが、「納期」「お金」「トラブル」

に関する事項は事前に明確にして、不明瞭なまま進めないようにしてください。

金額が大きくなる場合は契約書を取り交わす場合もあります。デザイナーが用意する契約書をよく確認して、疑問点がある場合は確認してから契約を交わすようにしましょう。

デザイナーが知人だったりすると、余計にいざというときの約束事が曖昧なまま進んでしまいがちです。メールなどの記録に残る形で確認をしてから進めるようにしましょう。

知人だから伝えにくいという場合でもメールなどで、

「デザインを引き受けていただいてありがとうございます。仕上がりが楽しみです。着手してもらう前に、今回のデザイン料は〇万円という話になったと思うのだけどそれで大丈夫ですか？　お願いしたい内容はA４のチラシ両面で印刷は５００部です。チラシは〇月〇日までに必要です。無理はないでしょうか？　もし印刷や配送、その他、商品にトラブルがあった場合はいつもはどうされているか、先に確認させてもらえたらうれしいです」

という感じで淡々と事実の確認をメールすればＯＫです。

前半は口約束でまとまっていたとしても、メールに残る形にしておくというのが重要です。後半の質問は、すべての責任をデザイナー側が持つという答えをもらうのではなく、万が一の対応を考えているかということを確認するためです。

例えば、印刷にトラブルがあった場合に「無償で再印刷」なのか「誤字脱字があなたの落ち度だった場合は印刷代を再度請求することになる」なのか。

どちらでもいいのです。その決まり事は個々それぞれです。問題は、トラブルが起きることを想定しないことです。実務経験が乏しいデザイナーはこのあたりが曖昧になっている場合もあるので、こういった質問の答えが曖昧なようであれば、発注を見合わせることも検討してください。とても重要なことです。

後から「言った、言わない」というやり取りをすることがないように、先に整理しておきましょう。

2　デザイン発注に関する悩みと疑問

実際に仕事を発注する段階でのお悩みや疑問に関してお答えしていきます。発注段階になるとどのように準備したものをデザイナーに引き継ぐか、デザインの希望などをデザイナーにいかに的確に伝えられるかがポイントになってきます。

Q16　伝えたいことがたくさんあって、原稿量が膨らんでしまった。大丈夫？

商品やサービスへの思い入れが強ければ強いほど想いが熱く、原稿を用意し始めたらその想いが溢れ出してしまい原稿の量がとても多くなってしまうことがあります。

Ｗｅｂサイトであれば下にページが長くなっていくだけなので良いのですが（見た人が読むか読まないかは別の話です）、印刷物ではスペースが限られていますので、量が多くなった原稿で制作する場合は、ページ数を増やす、文字のサイズを小さくする、文章をカットする――この３つしか方法がありません。

１．ページ数を増やす

原稿量を変更せずに、可読性を落とさないようにするには、チラシが片面であれば、両面に変更する。パンフレットが４ページなら６〜８ページに変更する、という解決方法があります。

予算が変更になることを頭に置いておきましょう。予算に余裕があるのであれば一つの選択肢として考えられます。

２．文字のサイズを小さくする

予算の関係で仕様の変更はできないけど、原稿量も減らしたくない。そんな場合は可読性をあきらめて文字を小さくします。

お客様から「この原稿量で入りますか？」と聞かれることは多く、ＹｅｓかＮｏで答えるなら、いつだってＹｅｓです。文字はどこまでも小さくすることは可能ですから。ただし、読みやすいか、読みたくなるデザインに仕上がるかは別の問題です。読んでもらえなければ存在していないのと同じになってしまいます。

3．文章をカットする

文章のカットが可能であればカットするのが一番の解決策です。目的・ゴールに立ち返ったときに、デザインはその達成の一過程でしかありません。その先にも大切なことを伝えられるチャンスはあります。

原稿の量については、本当に伝えるべきことをもう一度考え、シンプルに書き直してみることに取り組んでいただければと思います。短い文章で伝えるほうが、お客様に伝えたいことがスッと伝わることも往々にしてあります。チラシであれば、チラシ片面に１メッセージ、１オファーを心がけるようにしましょう。伝えたいことを一つに絞り、行動してもらうことも一つに絞る。そうすることで見た人は短時間に判断しやすくなります。

Q17 原稿量が増えたら追加料金になるの？

原稿量が増えて別途料金になるケースはWｅｂデザインではありますが、紙の印刷物のデザインなどではあまり聞きません。ですが、原稿量が増えた結果、予定した仕様を変更することになれば当然それは別途料金の対象となります。A４で8ページの冊子を予定していたものが、12ページになれば４ページ分の追加になると思っておきましょう。

仕様が変わらなければ同額というケースが多いかと思いますが、あまり無理に原稿を詰め込むと、フォントサイズが小さくなったり、行間が狭くなったりして読みにくくなり、結果伝わらないデザインになってしまう可能性もあります。原稿量に対して適切なページ数をデザイナーに相談しながら探っていくようにしましょう。

Q18 デザインの要望はどのように伝えるのがいい？

デザインの制作を受けていて、依頼される方からよく聞くワードが「格好いい感じ」「可愛い感じで」というような言葉です。

確かに、デザインの雰囲気を伝えるのに便利な言葉です。ですが、この「可愛く」「格好よく」は危険なワードでもあるのです。他にも「きれい系で」「シンプルに」「モダンな感じで」なども、同じく危険なワードです。もちろん、使ってはダメということではありませんが。

これらの言葉はとてもよく使われる言葉ですが、人によって感じる可愛さ、格好よさの幅が広いです。「何を可愛いとするか」は人によって随分違ってくるのです。例えば猫好きな人と猫嫌いな人では、同じ猫でも「可愛い」と感じるかは違ってきますよね。それと同じです。

可愛い感じでと伝える場合は、参考イメージも必ず添えてどんな感じの可愛さを求めているか伝わるようにしてください。参考イメージを一つ送るだけでかなり幅を狭めることができますし、イメージに近い仕上がりに近づいてくるはずです。

Q19　未確定の事項は、発注してデザインしながら決めても大丈夫？

未確定事項が多い場合は、デザインの全体像が固まっていないということに等しいです。その状態で作り始めても、デザイナーのやり直しが増えてしまったり、依頼側も基準を持ってチェックできなかったり、作り直しが発生して余計に制作時間が必要になってしまったり……と双方の負担がムダに増えてしまいます。できるだけ未確定事項がない状態で発注しましょう。

デザインを焦ってはいけません。確定した内容を共有したところからデザインをスタートさせるのがベストです。デザイナーの負担が増えるのはあまり発注者側には関係ないと思われる方もいらっしゃるかもしれませんが、それは違います。

効率的に進められて**デザイナーにゆとりができれば、その分、アイディアが生まれる可能性が増えます**。デザイナーの負担を無視することは、より良いデザインを制作するチャンスを潰してしまっているかもしれないのです。

デザイナーがデザインに集中できる発注の仕方をすることで、良いデザインとして発注者の元に戻ってくるようになるのです。

Q20 すべてをデザイナーに任せればうまくいくの?

すべてを丸投げすれば素晴らしいデザインができるかといえば、それはＮｏです。発注者の仕事はデザイナーと情報共有をしっかりすること、デザイナーを理解することです。この２つが特に大きな仕事です。

ブランドの特徴、サービスや商品の良さをしっかりとデザイナーに伝えること、ターゲットがどんな人なのか、その商品はどのような魅力があるのかをしっかり伝えることができるのは発注者だけです。

こうした内容はデザイナーからもヒアリングがあるかもしれません。聞かれたらできる限り答えてください。「原稿だけポンと渡してあとはお任せ」でもデザインはでき上がりますが、それではビジネスシーンで役立つ良いデザインにはたどり着きません。デザイン制作は発注者とデザイナーの共同作業なのです。

お互いの守備範囲を理解し、協力してデザイン制作を行うことで、いいデザインができあがるのです。

Q21　期待以上のデザインを仕上げてもらうために気をつけることは？

期待以上のデザインに仕上げてもらうためには、３つのステップがあります。

ステップ１：発注前にデザイナーとしっかり話をして得意分野を理解する
ステップ２：発注後は情報共有をしつこいくらいする
ステップ３：デザイナーを信じて任せる

デザイナーの作業をしっかり理解して、自分の要望や目的をしっかりと伝え、デザイナーの作業領域にはあまり踏み込まないことです。それが一番結果につながるデザインへの近道です。

Q22 デザイナーの仕事ってどこからどこまで？

依頼するデザイナーの作業領域を理解すると、デザイナーの能力を最大限発揮してもらうことができます。ただし、この作業領域は人によって異なりますので、デザイナーに依頼する前に確認しておく必要があります。

そういったことを明示しているデザイナーもいますが、特に何も書いていない人もいます。作業領域によって金額がオプション料金のように追加になる人もいれば、通常料金の中にいろいろなものが含まれている人もいます。

例えば、私の会社ではライティングはサービスとして行っていませんが、見積もりの後でライティングをお願いされるケースは少なくありません。その場合は、ライティングまで含んでいる会社に依頼するほうがコストダウンできることもありますので、その段階で説明をしています。

ただし、納期を急いでいる場合など、依頼の手間が増えて納期に間に合わなくなってしまうというようなことも起きかねません。依頼したい作業範囲を事前に伝えてから見積もりを取るようにしましょう。

左記にデザインと同時に発生することが多い作業を上げておきます。これらは作業が可能か否かの確認の他、見積もりがどれくらいになるか事前に確認しておくといいでしょう。

【一般的にデザイン依頼をした際に同時に依頼することが多い作業】

☑デザイン　☑ライティング　☑印刷　☑トータルプランニング
☑ブランディング　☑広告戦略　☑イラスト制作　☑ロゴ制作
☑写真撮影　☑デザインの展開　☑配布サポート　☑施工（看板など）　など

【一般的にＷｅｂデザイン依頼をした際に発生する作業】

☑デザイン　☑コーディング　☑ＳＥＯ対策　☑Ｗｅｂプログラム　☑ＣＧＩ制作
☑ブログ設置　☑アクセス解析設置　☑ランディングページ制作　など

Q23 サンプルはたくさん用意したほうがいい？

サンプルはたくさん用意してもらうほうがいいと思いますが、方向性が見えないサンプルがたくさんあると逆に方向性に迷いが出てくることがあります。要望・目的・目標・ターゲットを発注者側も見据えた上でサンプルを用意するようにしてください。

チラシのサンプルを送っていただいた後に「このサンプルのどのあたりを参考にすれば良いですか？」と伺っても、「なんとなく参考にしてもらえれば」という返答しかいただけないケースもあります。色味なのか、写真の使い方なのか、レイアウトなのか、デザインの雰囲気なのか。デザイナーが参考にする要素は無数にあります。発注者側から、何かしらそれをいいと思った点を伝えないと、逆に混乱を招く結果になってしまうかもしれません。闇雲にいいと思ったものを送るのではなく、イメージが明確になるようなサンプルを送るようにしましょう。

Q24 サンプルはどのように探せばいい？

イメージに近いサンプルは、実際に現物である必要はありません。インターネットで探しましょう。

検索エンジンの画像検索なども使いますが、私はPinterest（ピンタレスト）というサイトを利用しています。

Pinterest https://www.pinterest.jp/

このサイトは、センスのいい画像にピンを付け、Ｗｅｂ上のスクラップブックのようにして他人も閲覧できるサービスです。人がおしゃれ

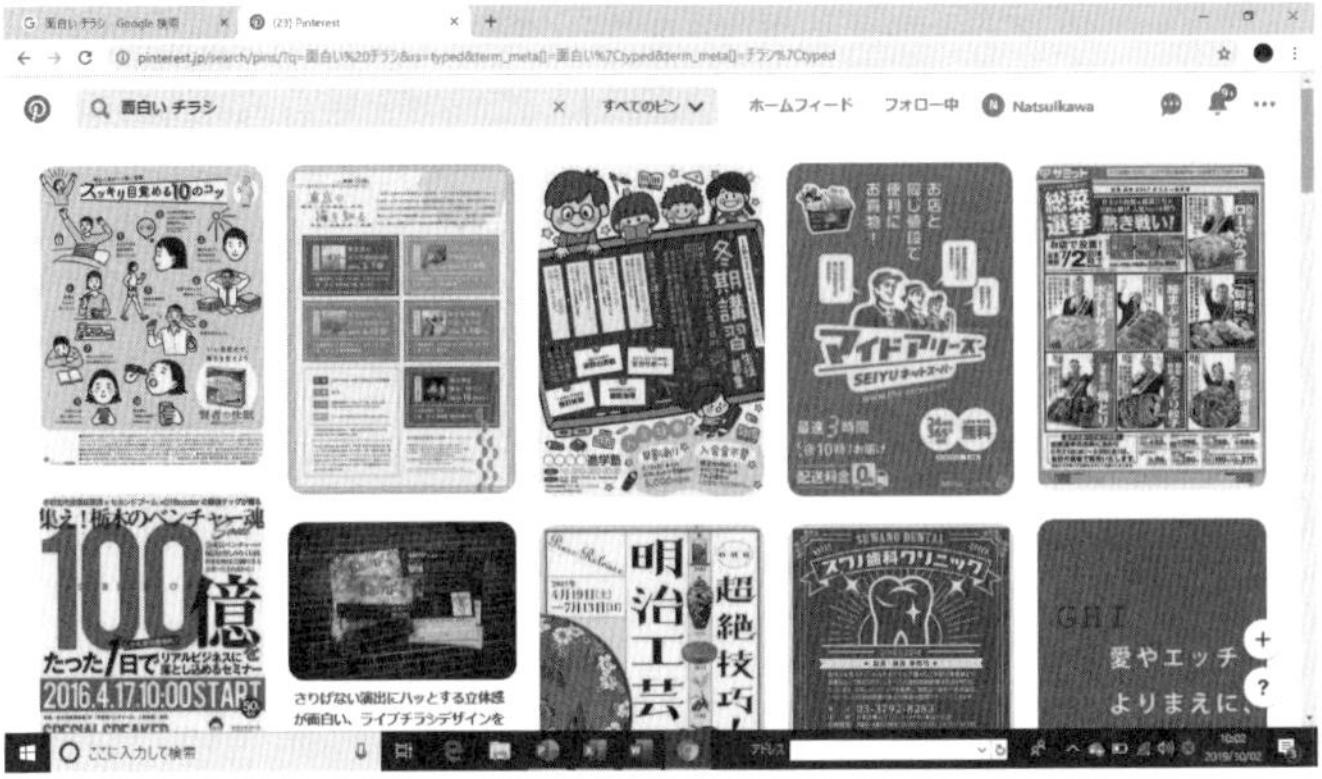

ピンタレスト（上）とグーグルのページ

だなー、素敵だなー、かっこいいなーと思ったものが選ばれて閲覧できるので、グーグルの画像検索よりもセンスがいいものがピックアップされています。

例えば、Pinterestで「面白い　チラシ」と検索するとこのように表示されます。

それぞれ検索結果が異なりますので、画像検索やPinterestなどを利用してイメージに近いデザインを探し、デザイナーと共有できるようにしましょう。

Q25 デザイナーに届く要望の伝え方を教えて

デザイナーには、伝えてもらった要望について、その希望がどれくらいの優先度なのだろうと感じることがあります。

デザインのイメージをもらって「こんな感じでお願いします。ただし何ぶん素人ですのでデザイナーさんがいい感じに直して下さい」と言われて制作に入ったりする場合に、デザイナーとしてそのデザインを直していくと「ここは元のデザインと同じ感じにしてください」「ここも元の色と同じにしてください」というように修正が入り、結果的に元のイメージにかなり近いデザインが完成する、ということがあるのです。そんなときは「なるほど、この依頼者さんは自分で作ったデザインをとても気に入っていたのだな」と気づきます。

参考になるデザインの絶対に譲れないポイントがあれば、伝えておくとスムーズに制作が進みます。

そして、参考として用意した画像のどのあたりを参考にしてもらいたいのか、具体的な指示を出すことで、より明確にイメージが伝わります。

「参考イメージ1の色味がイメージに近いです。参考イメージ2の全体の雰囲気が好きです。でも、フォントはこのフォントではなく参考イメージ3のようなフォントがいいと思っています」という感じで、具体的に参考イメージのどのあたりが良いかというものを示すことでよりデザイナーには要望が明確に伝わります。

Q26 デザインのイメージがない場合はどのように依頼したらいい？

デザインのイメージがないという方もいらっしゃると思います。そんなときは「デザインの要望は特にありません」と言っていただいてまったく問題ありません。

ただし、ここまでにお話している目的・目標・コンセプトがしっかりと準備されていることが条件です。意味のないデザインはない、ということをお伝えしてきましたが、目的や目標、プロジェクトの目指していることなどに意味を見つけながらデザイナーはデザインを組み立てていきます。発注概要に立ち返って1からデザインの方向性をデザイナーは考えます。むしろ、それが最も得意とするところです。

ですから、デザインのイメージがない場合は、発注概要をしっかりまとめた上でどのようなデザインで、それをどう達成するかはデザイナーに任せてしまえばいいと思います。

Q27 デザインのサイズが決められない。どのように考えればいい？

例えば、チラシを制作するときにA5、B5、A4、B4、A3……などのサイズの選択肢があります。さらに、片面で作るか両面で作るかという選択肢もあります。

どのように決めるのかについては、次のポイントがあります。まずは想定している原稿の量です。ワードで原稿を作ったときに、ワードの標準の文字設定、A4サイズで原稿を作った際に何ページ分になっているかは、おおよその目安になります。

2ページ分くらいまでならA4の片面サイズに収まります。それより少ない分にはデザインのメリハリをつけてデザインできるのでまったく問題ありません。

ここを基準に考えてもらえると、比較的伝わりやすいデザインを仕上げることが可能です。レイアウトする写真がたくさんある場合や、特殊なデザインの場合はまた変わってきますので、あくまでも目安として考えてください。

Q28　色のイメージの上手な伝え方を教えてほしい

色はデザインを左右する重要な要素です。

ブランドのイメージなどで使用したい色があれば、ＤＩＣカラーガイド（印刷会社やデザイナーなどの間で色の指定に使用される色見本帳のこと）の番号や、サンプルを用意するのもいいですが、数字で伝えるという方法もあります。色は数字で表現することが可能なのです。

印刷物であれば、ＣＭＹＫカラーチャートという冊子を使用することもありますが、もう少し手軽でもよいという場合はＷｅｂサイトの「原色大辞典」https://www.colordic.org/を使うのでもいいと思います。

このサイトはＷｅｂページで使用する際の色見本を一覧にしているもので、印刷する場合と若干色味が異なります。ただし、色の方向性を伝えるという意味では手軽に使えるサイトです。

曖昧な感じで「柔らかい系のピンクで〜」と伝えるよりは、「『https://www.colordic.org/colorsample/1121』がイメージです」と具体的に伝える方が、デザイナーには伝わりやすいと思ってください（下図）。

色の希望を伝えるのは悪いことではありません。ただし、色に関して知識があるデザイナーに狙いどおりの色を選んでもらうというのも一つの選択肢です。

ですから、「情熱的なイメージを伝えたいので、それが一目で伝わる色あいでお願いします」とか「信頼感が伝わる色あいでお願いします」など、何を伝えたいかを話すのもいいでしょう。

Q29 色はどのようにして選べばいいの？

色はデザインを手に取ったときの第一印象を決める重要な要素です。

もし、ブランドとして決まった色があるならばそれを事前に伝えていただくのですが、特に決まった色があるわけではない場合は、デザイナーに目的に合わせて選んでもらうのが無難です。

使用する色の組み合わせによって第一印象が変わってきます。第一印象は非常に重要ですから、好みで決めるのではなく、目的・目標・ターゲットなどから逆算して色を決定するのはデザイナーに任せましょう。

どうしても使用したい色があればあらかじめ打ち合わせの際にその色を伝え、その上で目的・目標・ターゲットを合わせて考えてデザインをした際、おかしくないかを相談してみるといいでしょう。

Q30 パソコンではきれいだったのに、印刷したら写真がぼんやりしてしまった

印刷に必要な画像は、パソコンで使用する画像よりも**解像度が必要**になります。解像度とは「画像を構成する画素の密度」のことです。

Ｗｅｂサイトなどで使用される画像は１インチを72個で構成されていますが、印刷では１インチを３５０個で構成された画像が必要です。

Ｗｅｂサイトの画像をコピーして送ってくる方も多いのですが、Ｗｅｂサイトに掲載する際に解像度を落としてしまっていることがほとんどなので印刷には向きません。

画面で見ているより写真がぼんやりしてしまい、デザインそのものの品質が落ちたように見えてしまうので、できる限り避けてください。

商品やサービスの案内に使用する場合は元の画像を用意しておき、デザイナーにはそれを送信するようにしてください。

最近はスマートフォンから画像を送る方も増えたと思いますが、スマートフォンの設定によっては勝手にサイズを小さくして送信することがあります。元画像を送っているのにデザイナーからサイズが小さいとの連絡があった場合は、スマートフォンからではなくパ

ソコンからの送信を試してみるようにしましょう。

Q31 顔のしわやほうれい線を消すのって難しい？

顔のしわやほうれい線を消したり、髪の毛の色を変えるなどはスマートフォンのアプリでも簡単にできるようになりましたが、デザイナーが使用するPhotoshopでも当然そういった作業は比較的簡単に行うことができます。

スマートフォンのアプリで修正できるので修正したものを送ろうと考える方も多いかもしれませんが、スマートフォンのアプリでは画質を下げて保存するものが多いので、画質を下げずに作業できるプロに依頼して修正してもらうほうが圧倒的におすすめです。

モデルの人を痩せさせたり、足を長くしてスタイルを良く見せることも簡単にできますので、必要に

修正画像

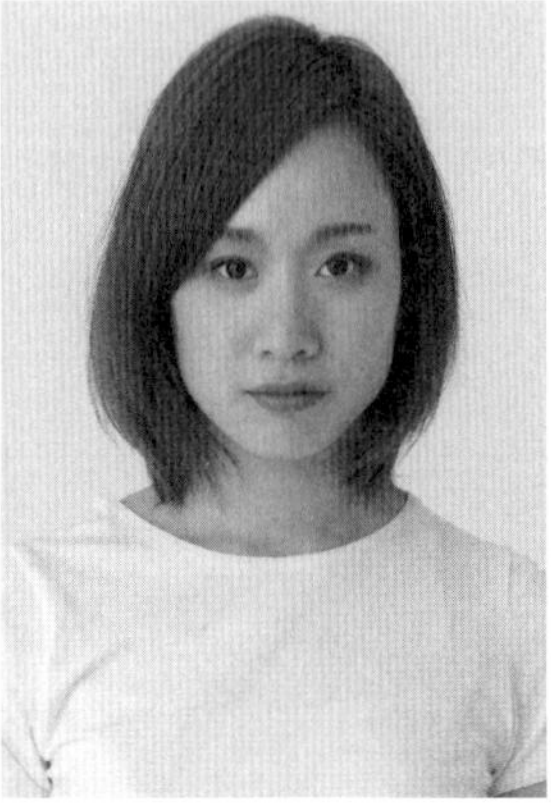
元画像

応じて頼んでいいと思います。デザインに使用する人物の顔の印象なども修正することで、随分と仕上がりのイメージが変わってきます。

右ページの２つの画像を見てください。右が元の画像で、左が若干の修正を加えた画像です。

写真を元に、真剣な表情から微笑んでいる表情に修正し、顔全体を都会っぽい雰囲気が出るように修正しました。どちらが良いというものではなく、そのデザインの中で必要な印象に合わせてこのような修正も可能であるということです。

おそらくどちらが元画像を並べたり、修正した画像であると言われなければ、加工した写真であると多くの人は気づかないはずです。

このようなデジタル技術の進化は上手に取り入れていきましょう。

Q32 配色だけ変更して何パターンか見せてもらうことはできる？

配色だけを変更することは可能です。ただし、デザイナーによっては料金内にそのような作業が含まれていない場合もあるので、別途料金での作業になる場合もあることを念頭に置いておきましょう。

また配色パターンを複数出してもらう場合も、目的や方向性を明確にした上で依頼するようにしてください。配色は無限にあります。闇雲に何パターンも用意してもらうのではなく、配色パターンをどのような違いで作ってもらうかは、事前にデザイナーと相談し伝えるようにするのです。

落ち着いた雰囲気で1案、きれい系で1案、清潔感を感じる雰囲気で1案……などで決めておくと、それに合わせてデザイナーは配色をスムーズに選ぶことができ、発注者側も仕上がったものに対して絞り込みや検討がしやすくなります。

Q33 目立たせたい箇所がたくさんある場合、どうすればいい？

原稿に込めた想いはどれも大切。全部をしっかりお客様に伝えたい！　という気持ちはよくわかります。ですが、残念ながら全部を目立たせたいというのは、逆に全部が目立たなくなる落とし穴でもあるのです。

すべてを目立たせるのではなく、1カ所だけを目立たせてチラシやパンフレットをじっくり読んでもらえるようにデザインしてもらうのが得策です。

人は興味があることの情報は常に求めています。ですから、ターゲットになる人たちが興味を持ちそうなことを一番目立たせて、次第に引き込んでいくように考え方を切り替えましょう。最初に目にしたときに情報が多すぎると、何を伝えたいのかが一瞬では伝わらなくなります。

情報を絞って興味を持ちそうなことだけを目立たせると、一瞬でその人にとって有益な情報であることが伝わります。目にした瞬間に有益であることを伝えるのが最優先です。目立たせたい箇所をたくさん伝えることよりも、伝えたいことをどのような順番で伝えていくと自然にお客様に理解してもらえるか、ということをデザイナーと一緒に考えていくのがよいでしょう。

良いデザインは情報を整理するのが得意です。情報を整理して伝わりやすくしていきましょう。１デザインに１メッセージを心がけてください。

3　デザインを修正する場合の悩みと疑問

デザイナーから提案されたデザインを修正していく工程に入っていきます。デザインの修正がある場合は、自分の感じている違和感を理解して、どのように修正を行うかをわかりやすくデザイナーに指示していくことが求められます。

Q34 スムーズなデザイン修正の依頼方法は？

デザイン修正をスムーズに行うためには、修正箇所をまとめて伝えるのがいちばんです。伝え方もいろいろありますが、文章で伝えるのが難しい場合はプリントしたデザイン（ゲラ）に直接書き込んでしまうのもおすすめです。それを取り込んでメールで送ったり、ＦＡＸしたりします（最近ではＰＤＦに修正指示を書き込んで伝える方法もあります）。必要に応じて、打ち合わせで修正箇所の確認を突き合わせて行うこともあると思いますが、ちょっとした誤字脱字などであれば、メールなどでも十分です。

電話で伝えたいという方も多いのですが、電話はメールやＦＡＸの補助的な方法と思うほうがいいです。電話は話した内容が記録として残りませんので、注意が必要なのです。特に「言った、言わない」のトラブルの元になりやすいので、電話だけで済ませることはせず、メールやＦＡＸなどを併用して修正を伝えるようにすると、ニュアンスも伝えられて、「言った、言わない」も回避しやすくなります。

Q35 思っていたイメージと違った場合はどのように伝えればいい？

出来上がったデザインが思っていたイメージと違うというときは、いきなり連絡するようなことはせず、落ち着いて何が原因でそのようなデザインが仕上がってしまったのかを考えてから、修正依頼を出すようにしましょう。

デザイナーを責めても問題は解決しません。

「何か伝え足りないことがあったのではないか？」「伝え忘れていたことがあったのではないか？」「確認すべきことを確認していなかったのではないか？」など、発注時のどこかに足りない部分があったはずですから、まずそれを明確にして気持ちを整理した上で、思っていたイメージと違っていたことを伝えるようにしましょう。

もちろんデザイナーの能力不足という場合もあります。ですが、もしそうだったとしても、伝え方一つでこの後の作業の流れが変わります。感情に任せて言うのではなく、冷静に自分の足りなかったことなども併せて伝え、協力してデザインをイメージに近づけていくお願いをするようにしてください。

Q36　イメージと違うので、別案を作ってもらって後から選ぶのはＯＫ？

仕上がったデザインも悪くはないけど、イメージとは違うので作り直してもらって後から選ぶ、というのはデザイナーからすると作業が２倍になってしまいます。

別途料金を設けているデザイナーもいるかと思いますので、そのあたりは確認しつつ、作業が可能か尋ねてみてください。

その場合は「いいと思うのですが、考えていたイメージと違った」と感じた部分を明確に伝え、どのようなイメージを求めているのかをはっきり伝えるようにしましょう。

よくないのは「今回のデザインもいいけど、イメージと違ったのでもう一案お願いできますか？」と漠然と依頼をすることです。このような依頼ですと提出したデザインのどのあたりが気に入っているのか、イメージとどのあたりが違ったのか、何を求めているのかがデザイナーにはわかりません。

「どのようなところが気に入りましたか？　どのあたりがイメージと違いましたか？」と聞いてくるデザイナーもいると思いますが、それを聞かずに悶々と悩んでしまうデザイナーもいます。「今回のデザインが気に入っているならこれでいいじゃないか」と不満に思うデザイナーもいるかもしれません。

先手を打って発注者が情報を整理して依頼することで、スムーズな制作が可能になります。

Q37　修正がたくさんあるが、どのように進めれば早く仕上がる？

まずは修正箇所をまとめるようにしましょう。原稿の誤字脱字はもちろん、文章の追加や文字の大きさの変更、色味の変更などいろいろな修正があると思いますが、要望をまとめて伝えるようにすると、制作スピードが上がります。

デザインに関する修正に関しては、可能ならばそのようなデザインになっている意図を聞いてから修正を入れるのがいいと思います。

意味のないデザインはないとお話ししましたが、デザイナーなりの意図があってそのような色や形に仕上がっている可能性がほとんどです。デザイン経験のない人が個人の判断で修正してしまうと、影響がない場合もありますが、全体のバランスが崩れてしまうこともあるのです。

デザイナーがそのようにした意図を聞くとそれでいいと思えるかもしれません。まずは情報を整理して、デザイナーと話をするようにしてください。

Q38　修正箇所は気づいたらこまめに連絡したらいいの？

デザイナーは常にデザインの全体を見ています。１つ修正があると全体をみて修正を行っています。誤字脱字の修正などはあまり影響しませんが、原稿の追加、フォントサイズの変更、イメージの追加や変更などはデザイン全体に影響を及ぼします。ですから、修正はまとめて連絡するようにしていただきたいです。

1カ所の修正でもその周りの要素をすべて調整して修正しています。気づいたところからバラバラに修正を送ってしまうと、その都度全体のバランスや統一したスタイルを調整しなくてはいけなくなってしまうのです。

逆に、修正をまとめて伝えていただくと、全体のバランスや統一したスタイルを考えてからデザインの調整をすることができ、精度の高い修正を早く仕上げることができるのです。

Q39 仕上がったデザインのチェックすべき点は？

デザインが仕上がってきた場合にチェックしていただきたい3つのポイントがあります。

ここでは客観的な視点、顧客視点に切り替えて見ることがとても大切です。自分が顧客になったつもりでデザインをチェックしましょう。

1．第一印象をチェックする

デザイン全体の印象をチェックします。これは画面ではなくプリントしてより実際に近いサイズで見るのがおすすめです。ターゲットの気持ちになってデザインを手に取ってどのような印象を受けるのかをチェックしましょう。

・目に留まりそうでしょうか？
・どのような文字が目に入りますか？
・どのような感情になりましたか？

チラシやＤＭなど販促ツールとして使用するものは第一印象が命です。そこで興味を持ってもらえなければ、存在しなかったことになってしまいます。

「第一印象から魅力的で目が離せなかった」「大切な言葉が目に入ってきた」などプラスの印象もあれば、「ゴチャゴチャしていてパッと見たときになんのチラシかわかりにくい」「思っていたよりも安っぽい印象になっていた」というマイナスなイメージもあるかもしれません。

この第一印象のチェックを必ずして、そこで感じたことはマイナスも含めてデザイナーと共有するようにしてください。これはとても大切な作業です。

2. 動線が明確か?

第一印象がよかったら、次にそのデザインを見た人が、制作物上のゴールにちゃんとたどり着けるようになっているかをチェックします。

例えば、制作物上のゴールが「Ｗｅｂサイトにアクセスしてもらう」だったとします。すると、まずターゲットの目が留まり、その次に興味が湧くようなキャッチコピーがわかりやすい場所に配置されていて、自然と詳細が目に入り、さらに興味がある人にはＷｅｂサイトで詳しい情報が掲載されていことが理解できるようになっているか?　ということです。

お客様がデザインの中をどのように動いていくか、その動いた先にこちらの意図したゴールがちゃんと用意できているかをチェックするようにしましょう。

3. 第三者にも見てもらう

前述したとおり、自分でお客様の視点になってチェックすることもとても大切ですが、第三者の目でチェックすることも同じくらい重要です。

コンセプトや制作物上のゴールなどを説明した上で、印刷物を第三者の目でもチェックしてもらいましょう。当事者では感じないような意見をもらえたりして、とても有益です。

ただ注意点として、第三者から得たヒントをそのままデザイナーに投げるのではなく、発注者側で一度整理して本当に必要なことをまとめてデザイナーに伝えるようにしてください。

第三者はいろいろな事情を知らないからこそ新しい視点で意見を言ってくれます。ただし、さまざまな事情があるために反映できないこともあるのです。コンセプトや全体像を理解している発注者が一度、意見を整理してから修正するかどうかを最終決定することがとても大切なのです。

Q40　誤字脱字はどうしたら防げる？

誤字脱字はどんなにがんばってチェックしたと思っていても出てくる不思議な存在です。一人で見ているときはもちろん、複数でチェックしても誤字脱字は発生します。校正技能検定試験という資格をとって、校正を仕事にする人がいるくらいプロフェッショナルな技術が必要な作業です。

とはいえ、すべての人がそんな資格を持っているわけではありませんので、プロではない人が行う場合のポイントは、次の２つです。

「数名でチェックすること」と**「音読すること」**です。

黙読してしまうとどうしても人間は読み飛ばしてしまうことがあります。音読すると一音一音を外に出すので、より誤字脱字を見つけやすくなります。

それでも印刷後に誤字が出てしまった場合、誤字脱字があっても伝えたいことが伝わっているのならそんなに気にしないことも大切です。販促ツールでは、間違っていないことよりも伝わることのほうが重要です。

人物名、数字、日時、住所（地図含む）、**Ｗｅｂアドレス**（ＱＲコードの場合はリンク先が間違えていないか）。最低限、この５点だけは他の箇所よりも回数を多めに複数人で確認しましょう。特に日時では、西暦と曜日に間違いがある場合が多いです。

Ｑ41　修正しているうちに何をどうしたらいいかわからなくなった

制作に入って、デザインを見たらあんな風にしたい、こんな風にしたいという想いが湧いてくることがあります。これはイメージと合っていた、イメージと違っていた、気に入った、気に入っていないに関わらず起きることです。

気に入ってなければ、気に入るように直さないといけない。気に入ったら、今度は小さなことが気になり始める……というケースは多いです。

最初はデザインを提案していたデザイナーも、修正が重なってくるとだんだん思考が鈍化して、目的に向けて作っていたはずのデザインが、やがては修正から抜け出すことが目的にすり替わってしまう残念な状況になる場合があります。

これは発注者の方の性格や物事の考え方もかなり大きく影響しているので防ぐことは難しいのですが、気になり始めてしまって修正しているうちに、出口が見えなくなってしまう方が一定数いらっしゃいます。このような修正の蟻地獄は誰にもメリットがありません。では、修正の連鎖はどのようにしたら防げるのでしょうか？　ポイントは２つです。

１つ目は「好みで判断していないか客観的に見てみる」です。

気になり始めてどうしていいかわからなくなってしまったときは、第三者に客観的な意見を求めてみましょう。自分が気になっている部分をどうしたらいいか、デザイナーではなく、プロジェクトの目的を理解している人物に聞いてみてください。新しい角度から意見が入ると、アリ地獄から抜け出せる可能性があります。

２つ目は「目的に立ち返ってみること」です。その修正には目的を達成するためのどのような意味があるだろう？　と考えてみましょう。修正を繰り返すうちに目的から外れてしまうことはよくあります。目的に立ち返り、ゼロベースでもう一度デザインを見ることが大切なのです。

Q42 悪くはないが、違和感があるデザインだった。

どのような違和感があるのか、整理する必要があります。

第一印象に違和感がある場合は、そのままの印象をデザイナーに伝えてみましょう。どのような感じがしたか具体的でなくても構いません、感じたことと本来求めていることを抽象的でもいいので伝えてみてください。

例えば「第一印象で少し寂しい感じがしたのですが、もっと青空を見たときのようにすっきりした気持ちになるような感じにしたい」という伝え方でも構いません。感じたことをそのまま伝えてみてください。

デザインを見ていると何かおかしい感じがする場合は、もしかするとデザインのルールを守れていない箇所があるのかもしれません。デザインのルールが守れていないと、説明しにくい違和感を覚えることがあります。

例えば、余白が狭すぎたり、無意味な余白があったり、行間が狭すぎたり、色の配色がよくなかったり、配置のバランスが取れていなかったり、縦のラインが揃っていなかったり……などのデザイン的な要因があるかもしれません。

チェックする側も少しだけデザインのルールを知っておくと、その原因を発見しやすくなります。チェックする側が押さえておきたいデザインのルールについては、第４章でもご紹介しますので、参考にしてみてください。

4　印刷に関する悩み・疑問

デザイナーに印刷まで依頼するケースもあれば、コストを抑えるために自分で入稿する（印刷会社に印刷を発注する）人もいるかもしれません。

ここでは印刷に関する悩みや疑問に答えたいと思います。

Q43　印刷会社はどう選べばいいの？

もしもデザインデータを納品してもらい、自分で印刷会社に発注をかけるのであれば、ネット印刷が最もお手軽です。ですが、ネット印刷は慣れていないとわかりにくいと感じるかもしれません。印刷に不安があって、相談しながら進めたい場合は、対面型の印刷会社の利用もいいでしょう。

手軽に各地で利用できるキンコーズやアクセア、@名刺などは受付窓口がオープンで利用しやすいです。他にもたくさんの印刷会社がありますが、窓口がない街の印刷会社さんは少々ハードルが高いです。

こうした街の小さい印刷屋さんはそれぞれに強みや得意分野があります。導入している印刷機械によって変わってきますので、気になる印刷会社がある場合は日ごろから情報収集しておくといざというときに役立つかもしれません。

Q44 ネット印刷はどこの会社がおすすめ？

一言にネット印刷といっても、それぞれの会社に特徴があります。ただし値段の安さで選ぶだけでは、結果的に損する選択になることもあるので注意しましょう。

ネット印刷会社も用途に合わせて選ぶのがおすすめです。利用者が多い代表的なネット印刷会社をご紹介します。

ネット印刷会社	特徴
（株）プリントパック	知名度が高く、ユーザー数は業界トップ。価格の安さが安定しているので値段で選ぶ人がまず考えるのがここ。ユーザーの多さゆえ、時間帯によってはカスタマーサポートの電話がつながりにくいこともあり、印刷や入稿に慣れていない人が電話で相談しながら利用する場合は根気が必要になることも。

（株）グラフィック	取扱商品が非常に多く、クリエイターに好まれる傾向がある。プリントパックなどと比較すると若干価格は高めになるが、サポートや仕上がりに対しての満足度が高い。
ラクスル（株）	印刷後の配布に強い。印刷したチラシなどの新聞折り込みやポスティングなども同時に依頼できるのが最大の特徴。印刷自体の価格もかなり低価格でビジネスで利用する人にはありがたいサービスを展開している。
東京カラー印刷（株）	都内に工場があるので、都心で仕事している人で急ぎの印刷物が必要という人におすすめの会社。他社と比べると電話サポートの時間が若干短め。

●印刷会社によっては、後述する紙や印刷のサンプルを無償で提供している場合があります。Ｗｅｂページで確認してみてください。

Q45 印刷用紙の違いは？

一般的にビジネスシーンで利用される用紙の種類はそれほど多くありません。**コート紙、マットコート紙、上質紙**などが一般的には多く利用されている用紙です。ここではこの3種類の用紙の違いについてお伝えしたいと思います。

まず、最も一般的な用紙といっても過言ではないコート紙ですが、紙の表面が薬剤でコーティングされていて光沢があり、ツルツルとした質感を持っています。安価なため、チラシなどに最も採用されている用紙です。光沢があるので、発色がよく、写真が入ったデザインにもおすすめです。ただし、コート紙は90kg以下の厚みを選んだ場合（厚みに関しては次項を参照）、長期間ラックなどに立てかけていると表面をコーティングしている薬剤の重さでしなってしまうことがあります。長期間置くチラシとして使用する場合は厚めのコート紙で印刷するのがおすすめです。

マットコート紙はコート紙と同様に薬剤がコーティングされていますが、若干マット感（つや消し）のある仕上がりになります。そのため、コート紙と並べると落ち着いた雰囲気に仕上がりますので、高級感を出したいというときにはマットコート紙がおすすめです。値段と質感のバランスが良く、好まれる方が多いです。

上質紙はコピー用紙の表面と似ていて、印刷すると独特のやさしい風合に仕上がります。ふんわりした雰囲気を演出したいときなどは上質紙がおすすめです。子供向けのデザインや女性向けのデザインなどにもおすすめしたいです。

もちろん、これ以外にもたくさんの用紙の種類があります。用紙が変わるだけで同じデザインでも大きく雰囲気が変わったりもします。デザインに合わせてデザイナーと相談して決めていくと、完成度の高い製作物に仕上がっていきます。

Q46　90kgとか135kgって何？

印刷会社が表記している90kgや135kgとは「紙の厚さ」を表す表記です。厚さを表すのに「kg」という表記が不思議な感じがしますね。これは788mm×1091mmの用紙を1000枚重ねたときの重さなのです。

58kg	大量に印刷するチラシに使用されることが多い厚み。スーパーマーケットの新聞折り込み広告などは、この厚みで印刷されているものが多い。
70〜73kg	コピー用紙と同じくらいの厚み。折り込み広告などに使われることが多い。手に取ると若干ペラペラした感じがある。
90kg	ネット印刷などで定番の厚み。イベントや商品・サービスの案内などによく使われる。安価なため、多くのシーンで利用されている。
110kg	90kgに比べると若干手に取ったときにしっかりした印象になるので、高級感を演出するときに使われる。
135kg	会社案内などのパンフレットなどによく使用される厚み。
180kg	官製はがきとほぼ同じ厚み。ポストカードや名刺などで使われる。会社案内などのパンフレットに使用すると高級感が増す。ただし、用紙などによっては背割れ・紙割れが起きやすくなってくるので注意が必要。
220kg	ポストカードや名刺などで使用されるが、より高級感のある仕上がりにしたい場合はこちらの厚みがおすすめ。折加工ができないことが多く、折の仕上げにしたい場合はスジ入れになることが多い。

Q47 「4色印刷」とは、4色しか使えないということ？

４色印刷と聞くと、４つの色でデザインを考えないといけない気がするかもしれませんが、そうではありません。

４色とは、Ｃ（シアン）Ｍ（マゼンタ）Ｙ（イエロー）Ｋ（ブラック）を掛け合わせて色を表現するフルカラー仕様のこと。ＣＭＹＫを指して４色と表現しています。ご家庭のプリンターも４色のインキを使って印刷（５色、６色のものもあります）しています。

４色と並んで「１色」と表記されている場合は一般的にＫ（ブラック）のみで印刷されるモノクロ印刷になります。この場合は、データもＫ（ブラック）で制作する必要があります。

Q48 オンデマンド印刷とオフセット印刷のどちらを選んだらいい？

ネット印刷の会社のＷｅｂサイトを見ていると「オンデマンド印刷」「オフセット印刷」と書かれている場合があり、どちらを選んでいいのかわからないこともあると思います。印刷方法を検討する場合は、２つのポイントで考えるといいでしょう。

１つ目が印刷部数です。

オンデマンド印刷方式は少部数に向いています。また、印刷を短時間で仕上げられるので、急ぎで少部数の場合はオンデマンド印刷がお得です。

一方で、オフセット印刷は印刷すればするほど1枚あたりの単価が下がっていく印刷方式です。大部数に向いています。

2つ目のポイントは印刷の仕上がりです。

現在ではオンデマンド印刷機の性能が上がり、オフセット印刷と比べても遜色ないと言われています。ですが、それでも仕上がりには若干の違いが出ます。

例えば、上質紙のような艶のない用紙に印刷した場合、オフセット印刷はふんわりとした柔らかい風合いに仕上がりますが、オンデマンドで印刷した場合はインキの艶があって、上質紙の本来の良さが失われてしまうこともあります。

オンデマンド印刷の機械は色が鮮やかに出る傾向が強いので、メリハリを出したいデザインにはオンデマンド機がおすすめです。

Q49 金色・銀色で高級感を出したい。

金色・銀色は高級感が出せますし、特別な雰囲気を表現することができるので、使いたいという要望は多いです。ただし、金色・銀色をどのように使いたいかによって、デザイナーからの提案は変わってきます。

まず、一部だけに使用する場合。例えば、名刺の会社のロゴだけにインパクトのある金色を使いたいような場合は「箔押し」を提案したりします。型を制作して、金や銀の箔を圧着させる加工です。

艶あり、艶なしなども選べ、ワンポイントでかなりインパクトが出せる加工です。型を制作しますので費用がかかり、多く印刷すればするほど単価は下がります。

型ではなく、インキで金や銀を表現したい場合は「特色インキ」というＣＭＹＫ以外のインキを使います。若干コストが上がりますが、金、銀、蛍光色などはＣＭＹＫプロセスカラーインキでは表現できない独特の色味を実現することができます。

予算はかけられない、でも金や銀をデザインの中に使用したいという場合は、デザイン全体の色味のバランスとグラデーションを使って金色、銀色風に仕上げてもらうのもいいでしょう。実際に金や銀を使うのに比べるとインパクトは劣りますが、高級感のある雰囲気を演出することは可能です。

Q50 色が思いどおりに出力されるか心配な場合はどうしたらいい？

狙ったとおりの色になるべく近づけたい場合は、**色校正**を行います。プラスの予算が必要になりますが、いきなり印刷して色味が問題で再印刷になることを考えると、最初から色校正を行うのが安全です。ただしその分、制作スケジュールをゆとりを持って設定しておく必要があります。

色校正の方法はネット印刷の会社によって異なっています。実際に印刷にかける機械で印刷する場合と**本機**ではなく、簡易的な構成で全体の色のイメージをチェックするものなどがあります。

用紙が異なると若干発色も変わってきますので、飲食店など料理の色味の出方をよくチェックする必要がある、衣料品の販売などに使用する印刷物で実物の色に近づけたい……など厳密な色の確認が必要な場合は、基本的に**本機校正**を行う必要があります。

Q51 「トンボ」って何ですか？「ヌリタシ」とは？

デザイナーから送られてきたデザインデータの周りに十字の印みたいなものがついているのを見たことがあるかもしれません。

これは「トンボ」と呼ばれる断ち切り線で、「印の内側のラインで断ち切りますよ」という印です。

印刷のデータは、原則としてトンボで表す仕上がりのラインの外側に3ミリのヌリタシと呼ばれる部分が必要になります。

これは断裁のときに、もしも仕上がりラインから外側にズレてしまった場合、印刷されていない部分が残ってしまうのを避けるためです。ズレてもデザインが切れないために3ミリ外側までデザインデータを用意しておくということなのです（その想定でデザイナーはデザインをしています）。

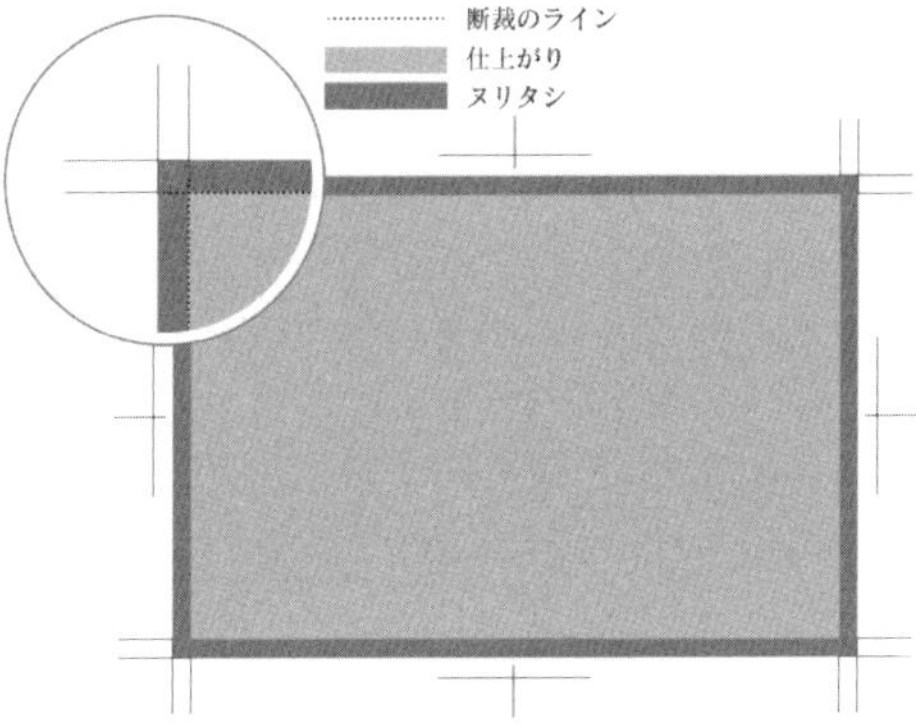

トンボがついたデザインデータ

Q52　一般的な用紙ではなく、特殊な用紙に印刷したい

特殊用紙に印刷したい場合は、対応している印刷会社を探す必要が出てくるでしょう。ネット印刷では安くしている分、あまり多くの用紙を取り扱っていない会社が多いので、用紙の選択肢に幅を持たせられないケースがよくあるのです。

特殊用紙を希望する場合は、どのような用紙に印刷するかをあらかじめ自分で決めなくてはいけません。例えば、（株）竹尾の竹尾見本帖本店・各店などを訪れて、ある程度どのような用紙に印刷するかを想定して候補を探し出しましょう。数多くの種類がありますが、色別、種類別などに分類して展示されていますので、お好みの印刷紙を見つけられるはずです。

その上で、印刷会社を探して特殊用紙への印刷が可能か問い合わせてみましょう。依頼しているデザイナーがいる場合は、相談すれば用紙選びや印刷会社の選定も手伝ってくれるはずです。

（株）竹尾のホームページ

http://www.takeo.co.jp/finder/mihoncho/

Q53 1色、2色印刷だと値段は抑えられるの？

K（ブラック）1色の印刷だと少しだけ安くなることもありますが、最近はカラー印刷の値段が下がってきているため、ほとんど値段に差がない会社が多いと考えておいたほうが無難です。

狙いがあってK1色を選ぶのであればいいと思いますが、価格を抑えるためであれば価格差は少ないのでフルカラーで制作するのがおすすめです。

また2色印刷は4色印刷で使用しているCMYKのプロセスカラーインキではなく、特色インキを使うことになります。特色インキに対応している印刷会社は少なく、前述したネット印刷会社ではグラフィックが現在取り扱いをしています。

もし、手軽に2色でのデザインをしたい場合は、デザインデータを2色風に制作してもらい、それを4色で印刷するということもできますが、特色インキの魅力である特定の色をしっかり出すことや、蛍光色・金・銀などを使うことはできません。デザインの狙いに合わせてデザイナーと検討が必要になるでしょう。

Q54 「入稿データ」って何？

最近では、Officeのデータを受け付ける印刷会社も増えましたが、一般的に入稿データというとAdobe社のIllustratorやPhotoshopなどの専用ソフトを使って作られた印刷データを指します。入稿データのルールは印刷会社ごとに若干異なりますが、大きなルールは共通で決まっています。

では、Officeのデータと専門ソフトで作る入稿データには何か違いがあるのでしょうか？

Officeはもともと入稿データを作るソフトウェアではありません。データによってはせっかくのデザインが崩れてしまったり、トラブルが起きる可能性があります。Illustratorなどは、ルールを守って制作すればトラブルが起きにくい入稿データを作ることができます（PDFを含む）。手軽に使えるOfficeソフトは魅力的ですが、入稿データとしては不向きだと思っておいてください。

Q55 急いで印刷してもらうことはできる？

印刷の納期は会社によって設定が異なります。当日～10日発送くらいの期間で設定されていることが多く、1日納期を縮めるごとに料金が上がっていくように設定されています。予算が許すのであれば急ぎの印刷も可能ですので、スケジュールと金額の折り合いがつくところで決定するといいでしょう。ネット印刷を利用する場合は印刷完了してから配送されます。配送には1～2日(離島の場合はさらにかかる場合があります)がかかるので、そのことも想定しておきましょう。

Q56 今日必要な印刷物が到着しない。どうしたらいい？

印刷物が到着予定日時に着かない事態は、私もこれまでに数回経験しました。その経験から思うのは、決してギリギリに配送を設定してはいけない、ということです。配送は翌日に到着しない可能性もあると思って、印刷のスケジュールは決めておきましょう。

もし、今日必要な印刷物が届かないとなった場合、いくつかの対処法がありますので、併せてお伝えしておきます。まずは配送会社に荷物の現在地を確認して、営業所止めにしてもらってこちらから取りに行く。それが難しい場合は、今日必要な分だけ街の印刷ショップなどにデータを持ち込んで印刷してもらう。

さらにそれも難しい場合はデザイナーに頼んで家庭用プリンターで出力できる形にデータを直してもらって家庭用のプリンターで印刷。

この順番になります。ちなみに、最後の方法は冊子などでは対応できません。あくまでも最悪の場合です。とにかく配送トラブルで必要なときに印刷物が手元にないということが起きないよう、ゆとりを持ったスケジュールで進めましょう。

5　デザイン制作中のトラブルに関する悩み・疑問

Q57　「デザインが気に入らない」と伝えたら怒ってしまった

仕上がったデザインが気に入らなかったので「気に入りません」と伝えたら、デザイナーが怒り出してしまった――。そのようなことはまったくない、とは言い切れません。あくまでも仕事ですから、気に入らないと言われてヘソを曲げてしまうのも、デザイナーの経験の浅さを感じます。長くやっていれば、気に入らないと言われることは珍しいことではないと理解しているからです。

まず、あなたは気に入らないデザインをしたデザイナーと引き続き仕事がしたいでしょうか？　信頼してこの後の修正作業を続け、最後まで一緒にゴールに向かっていくことができるでしょうか？

もしＹｅｓであれば、気に入らない理由を伝えて、デザイナーの意見を聞きましょう。その上で今後の修正の方向性やどのように修正してほしいかなどを、もう一度デザイナーと話し合ってください。具体的にここまでの制作で何か問題点がなかったのかを考え、デザイナーともう一度制作の方針を立て直しましょう。

デザイナーはデザイナーであなたの発注に対して誠意を持って取り組んできたからこその気持ちだと推測できます。その部分を理解していただけると、二者間の溝を埋める助けになると思います。

逆にＮｏであれば、その時点までの作業料は支払って、別のデザイナーさんともう一度依頼するところからスタートさせましょう。あなたにもこの人を選んでしまった責任があります。発注前にデザイナーのことをよく理解するということをお伝えしてきましたが、理解不足であったと考えるほうが建設的だと私は思います。

謝罪も支払いもあまり受け入れたくないことかとは思いますが、こじれて無駄な時間を費やさず、プロジェクトをスムーズに進めるために必要なことだと割り切りましょう。

Q58 依頼していたデザインのプロジェクトが途中で頓挫してしまった。どうすればいい？

新規の事業などでは、状況がコロコロ変わることがあるかもしれません。進めていたプロジェクトが急に延期や中止になってしまうことは、よくある話です。

その場合は、発覚した時点ですぐにその状況をデザイナーに伝えて作業をストップしてもらってください。そして、その時点で発生する作業料金などを、場合によっては話し合いも交えて決定し、支払いを行うようにしましょう。

こうしたときの誠意ある対処の仕方により、デザイナーとの信頼関係は築かれていきます。

「またスタートするかもしれませんので、ちょっとこのまま置いておいて仕切り直しでお願いします」というように状況をあいまいにすることは避けましょう。

どんな状況であっても誠意のある発注が、将来的にデザイナーとの良好な関係につながっていきます。

Q59 デザインが気に入らないのでキャンセルしたい場合はどうしたらいい？

デザインが気に入らないので、やっぱりキャンセルというのはなかなか難しい話です。事前にその人の実績などは見ていましたか？　デザインのどのようなところが気に入らないのでしょうか？

美容院へ行って、仕上がった髪型が気に入らないのでキャンセルしたいというのは無理だとわかるはずです。髪型もデザインもやり直しはできますから、修正を加えて可能な限り納得できるように作業を進めていくしかありません。

気に入らないから、すぐにキャンセルすることを考えず、発注の際にサンプルなどは十分に用意したか？　漠然としたデザインイメージだけで依頼していなかったか？　発注の内容で伝え忘れていたことはなかったか？　など、こうしたチェックをしたうえでデザイナーにどのあたりが気に入らないのか、どのように直したいかを伝えるようにするといいでしょう。

もちろん、デザインが気に入らない理由にはデザイナーの力量不足のケースもあります。ただし同時に、伝え方が足りてないということも考えられます。どちらが良い悪いではありませんので、コミュニケーションの量を増やして、前向きに進められるよう善処しましょう。

Q60 仕上がった印刷物に誤字があった

印刷物の文字校正の責任がどこにあるのかによって、対処方法が異なります。最後に校正した側（校了を判断した側）に最終的な責任がありますので、発注者側に責任がある場合が多くなると思います。また、修正に関わる費用の負担は、最後に校正した人ということになります。ですが、重要なのはこの誤字脱字の責任がどこにあるかよりも、誤字脱字をどのように修正するかという点です。

代表的な対処方法としては、次の４つのとおりです。

(1) 再印刷をする
(2) 修正シールを用意する
(3) 訂正の案内を挟み込んでそのまま使用する
(4) 何もせずにそのまま使用する

誤字脱字が見つかった場合はこの4つのいずれかで対処することになると思います。印刷した部数や、印刷の用途などを踏まえて最終決定します。

大部数印刷している場合で致命的な誤字脱字だった場合は再印刷、部数が少ない場合は修正シール、冊子など挟み込みが可能な場合は訂正案内の挟み込みがいいでしょう。

そして、特に内容に大きく影響しない小さな誤字脱字であればそのまま使用という判断もありだと思います。

どのような対処をするかはその時々の状況や、誤字脱字の内容によって的確な判断が必要になります。誤字脱字はないに越したことはありませんが、もし発見してしまった場合は最良と考えられる対処方法を選択できるよう備えましょう。

Q61 出来上がった印刷物の色の仕上がりが悪い

これまでネット印刷などを利用してきましたが、ごくまれに明らかに色味がおかしいことがありました。

印刷の仕上がりのトラブルは色味に限らず、印刷物の角が折れていたケース、印刷がずれていたケース、インキの乾きが悪く波打っているケース……などいろいろ見てきました。

格安ネット印刷は便利な半面、制作工程での仕上がりのチェックがやや甘くなり、そのような印刷物が届く可能性もあります。

ただし、不具合がある場合はすぐに再印刷をしてくれますので、デザイナーに依頼しているときはデザイナーに、発注者が印刷会社に依頼しているときは印刷会社に連絡するようにしてください。工場が込み合っていなければ最短で印刷してくれます。

6　その他の悩み・疑問

Q62　データをもらって、それを自分で編集してＷｅｂサイトや他の印刷物で使用することはできる？

これはデザイナーとの契約がどのようになっているかによって使用可能な場合と不可能な場合があります。

例えば、制作したチラシを自分でほんの少しだけ修正（日時を変えるなど）して、今後何度も使用したいケースはあると思います。もしそういう要望がある場合はデザインに着手する前にデザイナーに確認をしておきましょう。

契約によって、その範囲が決まってきます。一般的に多いのは最終的な印刷物を納品するという契約です。成果物、つまり印刷されたチラシやパンフレットなどそのものを納品します、という契約です。それに使用したデザインデータはここに含まれません。

またデザインデータを納品しますが、デザインデータに変更を加えてはいけない、著作権は譲渡しません、という契約のケースもあります。

デザイン料を支払っていても著作権を購入したわけではない場合もあり、データの取扱いには注意が必要です。少々複雑な話になりますので、使用目的・使用用途などを事前に確認しておきましょう。すべての権利を譲渡してもらう場合、制作料金も割高になりますので、予算などと合わせて検討しましょう。

Q63 デザインに使用した素材は誰のもの?

前項と同様、著作権の所在がどこになるかを確認しなくてはいけません。

フリー素材を使用してデザインした場合は、そのフリー素材の著作権は素材の写真やイラストの制作者にあります。フリー素材を利用契約したデザイナーの利用が許されているだけで、第三者がそのデザインと別の目的で利用することは認められていないので注意が必要です。

例えば、チラシで使ったイラストが可愛かったとします。それをグッズにプリントして販売したとしたら、ＮＧになることが多いです。

デザイナーはフリー素材の利用可能な範囲を理解して使用します。

では、例えば今回のデザインのためにカメラマンに発注者が依頼して撮影した「写真素材」の場合はどうなるでしょうか？　この場合も、カメラマンと発注者の契約によります。

権利関係の話は非常に複雑です。さまざまなケースがありますので、「お金を払っているから大丈夫だろう」と油断せず、条件などを確認することを念頭に置いておきましょう。

Q64 結果が出たらデザイナーに金銭的なお礼をしたほうがいい？

制作物で結果が出て、売上が上がった、集客できたというときに別途、金銭的なお礼をする必要はありません。ですが、その報告をもらえるだけでも、デザイナーはものすごくうれしいですし、次もいいデザインをしようと考えます。

金銭的な謝礼より、報告も兼ねた制作の打ち上げなどを提案するほうがいいかもしれません。飲み会が苦手なデザイナーもいるかもしれませんが、ここまでお伝えしてきたようにお互いを知ることは良いデザインを制作する中でとても重要です。

お酒の場でなくても、軽いランチミーティングを開いて、状況の報告をしてみてください。理解が深まることでデザイナーのひらめきはより鋭く、良いデザイン制作へとつながっていきます。もし遠方で食事ができない場合でも、メールで状況を共有するだけでもデザイナーはとてうれしいものです。

第4章 デザイナーを最強のパートナーにする方法

1　デザイナーは3タイプいる

一言にデザイナーと言っても、グラフィックデザイナー、Ｗｅｂデザイナー、ファッションデザイナー、インテリアデザイナー、プロダクトデザイナー……などなど、さまざまな分野のデザイナーがいます。

最初からお伝えしているように、本書ではビジネスシーンであなたが使用するツールを制作する人を指して「デザイナー」という言葉を使っています。他の分野のデザイナーさんと共通することも多いとは思いますが、基本はあなたのビジネスツールを作ってくれる人をイメージしていただけたらと思います。

とはいっても、デザイナーは十人十色。それぞれ得意なことや心がけていること、苦手な分野などの個性があります。

そもそもどのようにしてデザイナーになるかといえば、デザイナーになるために絶対に必要な資格はありませんので、「私は○○デザイナーです！」と名乗ってしまえば、その日からデザイナーになれてしまうのです。もちろん、その前に大学や専門学校で学んだ人もいますし、独学で学んだ人、師匠について学んだ人、会社の業務でスキルを身につけてデザイナーとして開眼した人もいます。

私が考えるデザイナーの必要スキルは「デザイン知識」「ビジネス知識」「デザインツールを使う知識」。そこにプラスして「センス」があると考えています。それらのバランスでデザイナーの個性が決まってくると考えているのです。

誰が正解とかではなく、デザインを考えるプロセスが少し異なるのです。そんなデザイナーですが、大きく３つのタイプに分類できると私は考えています。

1. 美的優先デザイナー
2. ビジネス脳デザイナー
3. オペレータータイプのデザイナー

この３タイプがいることを理解することで、あなたがどのようにデザイナーと関わればいいかが見えてくるはずです。

あなたの周りにいるデザイナーはどのようなタイプでしょうか？

この３タイプにきっちり分類されるわけではありません。複合的に能力を持っている人もたくさんいます。ですが、この３つのタイプを覚えておくと、傾向として理解しやすいと思います。

「美的優先デザイナー」は理想が高く、美しさを追求する

美的優先デザイナーは「デザインはやはり美しく、かっこよくないといけない」と考えるタイプのデザイナーです。

感性や右脳で仕事をすることが多く、このタイプの優先順位は「デザインが洗練されていて、無駄がなく、世界観や美しいこと」です。さらに、その中で機能性を持たせ、目的を達成するかどうかを考えていくタイプ。

美術大学出身のデザイナーにこのタイプが多いです。世の中のデザイナーのイメージは、このタイプを思い浮かべる人が多いと思います。

デザインを一つひとつの素材づくり（写真撮影やイラスト制作）から丁寧に行うケースが多いので、その分、コストも割高になることがあると思いますが、こだわりのデザインを突き詰めたい、ブランディングをしっかり話し合って作り上げたいという依頼者にはこのタイプがおすすめです。ムダのない洗練された美しいデザインを仕上げてくれます。

また、このタイプはデザインを考える際に、世界観から創り上げていくという人が多いです。その世界観にイメージやテキストを配置していき、目的やゴールに向かっていきま

す。決して目的や目標を見ていないのではなく、アプローチの方法が視覚的要素から入ることが多いのです。

「ビジネス脳デザイナー」はデザインで結果を出したい左脳タイプ

ビジネス脳デザイナーはデザインで結果を出したい左脳タイプ。このタイプは目的・目標から逆算してデザインを考える傾向があります。依頼を受けたら、デザインでどのように目的達成を実現していくのかを考えます。

元々がノンデザイナーだった人や、ビジネスマンから転身した人、マーケティングが好きなデザイナーなどが、このタイプに多い傾向があります。

もちろんデザインのスキルも持ち合わせていますが、言葉の使い方や結果につながる伝わり方を重視するので、時に美しさよりも多少ダサくても目標達成を優先することを考えます。

ビジネス意識が高いので、マーケットやビジネスの現場に対して理解がある人が多く、急ぎの案件などでも、フリー素材や作業工程の簡略化などを行って、納期の要望にも応えてもらいやすいのがこのデザイナーの特徴です。

「オペレーターデザイナー」は指示されたことは完璧に形にする

オペレータータイプのデザイナーは、指示されたことに忠実にデザインを作るのが得意なタイプのデザイナーです。ツールを使いこなす能力が高く、要望のヒアリングなども丁寧にしてくれます。

ただし、前述した美的優先デザイナーやビジネス脳デザイナーと比べると積極的な提案や、意見を言う頻度は若干少なくなります。

自分の中ではっきりとデザインのイメージがあって、それを再現してもらいたい場合はこのタイプに依頼すると、イメージにかなり近い仕上がりで確実に仕上げてくれます。多くの要望を形にしてきた技術力で想いを形にしてくれるのです。

3タイプのデザイナーに同じ依頼をしたらデザインはどう違う？

弊社には、ちょうど上記の3タイプのデザイナーが在籍しています。そこで本書では、同じお題で自由にデザインをしてもらいました。仕上がりをご覧ください（オペレータータイプはデザイン指示が必要なので、発注者役が指示したとおりに制作してもらいました）。

3タイプのデザイン案

同じ原稿で、同じように発注してもデザインする人によってこのようにデザインは違ってきます。どのタイプのデザイナーがどのチラシをデザインしたか、おわかりになりますか？

良いデザイナーは聞いて、調べて、発展させて、納得させる

デザイナーは本当に個性豊かです。得意なこともそれぞれ違いますし、何が正解で不正解かと簡単に割り切れるものではありません。まずは実績をしっかり見るところから始めてみてください。テイストが異なったとしても、スキルのレベルがどの程度かはわかりますし、デザイン全体の雰囲気に傾向も見つけられるはずです。

ただし、ビジネスシーンにおいてはデザインが美しく作れる、格好よく仕上げられるだけではなく、やはり目標達成に向けたデザイン戦略を練れることが良いデザイナーの条件だと私は考えています。

良いデザイナーを見極めるためには、発注者側も明確な目的・目標を提示できる必要があります。目的・目標に対してデザイナーなりの戦略を提案できるというのが、一つ目の見極めポイントではないかと思います。

良いデザイナーは相手の話をよく聴きます。要望や課題を理解するためにしっかりとヒアリングするのです。そして、その課題を理解した上で、ヒアリングを終えた後もさまざまなことを調べます。発注者の会社のこと、発注者の競合のこと、発注者の課題解決に役立ちそうな事例などを調べて、情報を整理し、どのようにデザインに落とし込んでいくのかを考えて一つのデザインに仕上げて提案をします。

もし、デザインを依頼して「この人は私の業界に詳しいな」とか「この人は心が読めるのかしら?」と感じることがあったら、しっかりと下調べをして提案してくれている証拠だと思ってください。とても素晴らしいデザイナーの証です。

コミュニケーションをしっかり取っていい関係を築き、〝いい仕事〟をしてもらいましょう。

デザイナーは想いをカタチにするプロである

発注者の人から「プロにお任せしたいです」と依頼を受けることがあります。そのような依頼をいただいたときはなるべく要望などをヒアリングしますが、それでもはっきりした方向性が見えないことがあります。

発注者側からすると自分の考えではなく、何か新しい新鮮なアイディアが欲しいという気持ちや、きっとこのデザイナーなら何か素晴らしいデザインをして提案してくれるという期待から、そのように依頼をされるのだと思います。

そういう依頼の場合、仕上がったデザインを見たときに、かなりの確率で返ってくる言葉があります。

「思っていたのと違います」というものです。

残念ながら、デザイナーは人の心を透視することはできません。

デザイナーにできるのは、一緒に問題解決に向かっていくことです。そのために希望や要望などを聞き、目標や課題を共有して、デザインスキルを駆使します。

日本では「相手と意見が同じはず」という想いが、コミュニケーションのスタートラインであるとお話ししましたが、そこからスタートすると失敗しますので、「相手と私は違うのだ。必要なことはすべて伝えて理解してもらわなくてはいけない」というところからスタートしましょう。これはもしかするとデザイン発注に限ったことではないかもしれませんね。

デザイナーの仕事は、発注者が考えていること、伝えたいこと、実現したいことをしっかりと共有・理解した上で、それを第三者にデザインを使って伝えられるようにすることです。発注者の想いを見える形にして表現するプロフェッショナルなのです。

デザイナーを最高のパートナーにするたった一つの方法

デザインは、その人を写す鏡のような存在だと感じることがあります。やさしい人は相手の気持ちを汲み取りながらデザインしているのがデザインから伝わってきますし、逆に自己主張が激しい人はデザインが主張しすぎている印象だったりします。そのデザイナーの人柄を観察してみたり、デザインに対する仕事の信念・信条みたいなものを機会があれば聞いてみるといいと思います。

デザイナーは世の中にたくさんいますが、多くのデザイナーに出会える機会は少ないものです。日頃から、身の回りの人で良いデザインでビジネスしている人がいたらチェックしておきましょう。そして、紹介してもらうのが確実です。

そのようにして、一度仕事を依頼してよかったと思えるデザイナーがいたら、なるべく〝浮気〟はやめておきましょう。そのデザイナーの得意分野でないことを頼むのであれば仕方ありませんが、大きな問題や不満がないのであれば、そのデザイナーに頼むのがいいでしょう。

デザイナーは、相手に対する理解が深まれば深まるほど良いデザインができるようになるからです。１回目、２回目と、回を重ねるごとにあなたの仕事を知り、あなたの想いを理解し、それをデザインに落とし込んでいきます。

そのような意識で少しずつ関係を築いていけば、依頼すればするほどデザインはスムーズに思いどおりのものが仕上がり、仕事の事情などにも理解をしてくれる「パートナー」になっていくのです。

少し、私の話をさせてください。

私がフリーランスのデザイナーになって初めてお仕事を受けたのが２００５年でした。そのときのお客様とは、15年近く経った今もお付き合いがあります。

その会社の魅力は他の誰よりも理解していると自負しています。仕事もスムーズですし、いつでも力になりたいと思える関係が築けています。

「希望どおり」よりも「目的を達成できるか」の視点でデザインをチェックする

「お客様の要望どおりにデザインするのか、自分が目的を達成できる方向性でデザインするのか」

デザイナーはいつもこのテーマと戦っています。

お客様の要望が明確すぎる場合に、本当はこうしたほうがいいのに要望を無視するわけにはいかない……という板挟み状態で、自分にできることに悶々としています。

要望どおりにデザインすればきっとOKも早く出て、スムーズに仕事が進む。ですが、目的や目標を考えてこんなデザインにしたら、もっと成果が上げられるのでは？　良い反応が出せるのでは？　と考えていることがよくあります。

どうしようかと考えた結果、やはりプロとしてデザインを提案する場合もあれば、折衷案に収める場合もありますし、お客様の要望どおりで仕上げることもあります。

デザイナーによっては、デザインを数案提案する場合に自分が良いと思っているデザインについて、しっかりとプレゼンする場合もあれば、あまり詳しくプレゼンしない人もいます。

その背景には「デザインから感じとってほしい」という思いがあります。デザインからその良さを感じてもらいたいと思う気持ちが働いてしまうのです。そのため、決定したデザインよりも目的、目標を達成できるデザインがボツになっている可能性もあります。

デザイナーと目的や目標の共有をしっかりする必要があることやコンセプトを守り、デザイナーの作業範囲はデザイナーに任せてしまうこと――ここまでお伝えしてきたことは、すべてここにつながっているのです。

一流のデザイナーはこの目的、目標を理解し、デザインのコンセプトを作る工程をとても丁寧に行います。ここをやるかやらないかでは作業工程がまったく変わってきます。時間がかかる作業です。これをしなくてもお客様の要望を聞けば形に仕上げていくことは可能ですから、ここをカットする制作スタイルでデザインをするデザイナーもいます。

どのようにデザイナーの力を活かすかは発注者次第のところも大きいといえます。発注者のイメージどおりに仕上がらない可能性がありますが、もしそういうデザインが仕上がってきた場合は、目的・目標を達成する上でどう評価できるデザインなのか？　という視点でデザインをチェックすると見え方が変わるかもしれません。

2　デザインツールが使えるだけの〝なんちゃってデザイナー〟にご用心！

さて、ここまでデザイナーについて簡単にお話をしてきましたが、前述したようにデザイナーになるために資格はいりません。デザイナーに必要なのは経歴ではなく、「お客様の要望に対してプロとして的確なデザインの提案ができること」だと思っています。ただし、お客様の要望に応え、デザインで結果を出すことはある程度、幅広い知識が必要になってきます。

そういう能力が一定レベルに達していない人でも、デザインに使用するソフトウェアが使えるだけの人もデザイナーを名乗ることができるのもまた事実です。

以前、自社のパンフレットを社内で制作するのではなく、外注先にお願いしたことがありました。お客様の仕事を優先する関係上、自社のサービスをＰＲする印刷物を作るのがどうしても後回しになってしまうので、社外の人に頼んでみることにしたのです。

そこで、以前から面識のあった知人の会社に依頼しました。

まず担当の方がヒアリングをしてくださいました。丁寧なヒアリングだったのでそれで私は安心していました。

そして、数日後仕上がってきたパンフレットのデザインを見て驚きました。デザインのイメージが希望とは違うのもさることながら、それ以前に、デザインのルールが守られていないものが出来上がっていたからです。

私は約20項目の「デザイン的に問題がある点」を説明・指摘しました。例えばこんな感じです。

「タイトルと本文の縦ラインがそろっていません。ばらついた印象を与え、読みにくくなるので揃えてください」

「2ページにある装飾に意味を感じません。何か意味があれば説明をお願いします」

こんな調子で問題個所にすべて修正依頼を出しました。こんな修正依頼が1つ、2つではなく20箇所近く送られてきたら、デザイナーとしては本当に嫌な気持ちになると思います。私が逆の立場だったら、「本当に嫌味な人だ」と思うでしょう。

その対応が良かったのか、悪かったのかはわかりません。ですが一度契約し、依頼してしまった以上、私にも依頼した責任があります。途中でデザインが気に入らないからやっぱりやめますと言えないことはよくわかっていましたので、デザイン会社のパンフレットとしてなんとか良い形になるようにできる限りのことをしました。「嫌がられるだろうなぁ」と思いつつ、それでもデザインに携わる人が基本的なルールを知らずにデザイン会社に対してデザイン案を出してくる事態は到底納得できることではありませんでした。

すると、私の修正依頼に対して意外にあっさりとした答えが返ってきました。

「返金しますのでキャンセルでお願いします」

結局、パンフレットはすべて社内で制作することになりました。第三者への発注の難しさを感じた出来事でした。

デザインのルールを理解しているから、良くも悪くも早々にこのような結果になりましたが、デザインのルールを知らない人だったとしたら違和感を覚えながらもどうしていいかわからずに制作が泥沼化していたことは想像に難くありません。

私の失敗の原因をまとめておきます。

(1) 知人であることに安心して実績を確認しなかった

(2) こちらからの要望の伝え方がよくなかった

まず、知人であることに安心して実績を確認しなかったのは、やってしまいがちな失敗を自らやってしまったと反省です。

「○○さんはデザインが得意だから受けてくれる」といった話はよくあります。

ですが、「デザインできる」や「デザインが得意」という言葉は実に曖昧です。「デザインができる」の幅は非常に広いです。この言葉を鵜呑みにするのはやめましょう。相手と親しい間柄であっても、どのようなデザインを過去に作ったのかを見せてもらってから依頼しましょう。

デザイナーにとって過去の作品の閲覧を求められることは、嫌なことではありません。むしろうれしいこと。ですから、絶対に過去デザインしたものをいくつか見せてもらってそれから発注を決めてください。

2つ目の要望の伝え方がよくなかった点ですが、私は丁寧なヒアリングをしてもらったことに安心して、「そこから読み取ってもらえるだろう」と、あまり自分の言葉で要望を伝えていませんでした。

そして、つい「外注するなら、自分の感性ではなく第三者の感性で作ってもらうのもいいなぁ」と思ってしまったのです。本当は少しだけ頭の中にイメージができていたのに、それを伝えずにデザイナーさんに任せてしまいました。ですが、イメージはしっかり伝えるべきでした。

目的・目標を達成するためにはデザイナーの理解とコミュニケーションを怠らないよう

にしていただければと思います。

3　デザイナーのやる気がアップする魔法の言葉

デザイナーをみるみるやる気にする言葉についてお話をします。

しつこいようですが、デザインでうまく仕上がらない原因はコミュニケーションにあります。コミュケーションを円滑にすれば必ず良いデザインになります。

そして前提として、デザイナーを「下請け」や「業者」と思わず、「パートナー」という意識を持って接しましょう。

デザイナーが気持ちよく仕事をすれば、その結果がいいデザインとしてあなたのもとに返ってきます。この部分を忘れずに、これから紹介する具体的な言葉の例を見ていただければと思います。

「○○さんの意見を聞かせてください」でデザイナーの心に火がつく

「プロとして」という言葉があります。これを使う人は、専門家の意見を尊重したい意味で使っているかもしれませんが、この言葉は、何を求められているのか不明確で、かつほんの少し挑戦的に聞こえてしまいます。あなたにその気がなくても、そのように聞こえてしまうのです。

挑戦的というのは「プロなのだからいいもの作って」「プロなのだからできるでしょ」というニュアンスで聞こえてくるのです。「プロとしてちゃんと仕事しなさいよ、と念を押されているのかな？　信用されてないのかな？」と感じてしまいます。

「プロとして提案をお願いします」ではなく、「○○さんはこの案件の集客アップをデザインで達成することについてどのように思うか、意見をいただけますか？」という具体的なオファーに変えたり、「この案件のデザインの方向性については、打ち合わせを基に○○さんから提案を頂きたいのですがいかがですか？」というような言い方に変えてみると、「よし、本領を発揮するぞ！」と、デザイナーの気持ちに火がつきます。

何をデザイナーに求めているかを明確に伝えると、その答えも具体的な形になって返ってきます。

具体的に発注すれば、無理難題も可能になる（こともある）

「とりあえず、チャチャっと3案見せてくれる？」

この言葉に悪気がないことを私は知っています。まだ見切り発車的な部分もあるからそんなに労力かけないで簡単でいいですよ、という意味合いが含まれています。

ですが、多くのデザイナーは「チャチャっとできる仕事などない」と思っています。この場合はまず「チャチャっと」の範囲を明確にしていきましょう。

「おおよそのレイアウトを見たいと上司が言っているので、アイキャッチを入れて配置の案だけ先にお願いできますか？」「タイトルとカラーバリエーションだけ先に案を出してもらえますか？」など、「チャチャっと」が何を求めているのか具体的に伝え、労力をかけないでいい箇所がわかるとスムーズに仕事が進みます。

デザイナーは、チャチャっと適当に提出したデザインで自分のデザインが判断されることに抵抗を感じます。「この程度のデザイン力なのか」と思われてしまって失注してしまうかもしれないと不安になり、簡単に制作と言いつつ全力で制作してしまったりします。「チャチャっと」と言いたくなったら、具体的にどのような目的でそのデザインを使用するのか、どのような部分を確認したいのかなど伝えるとお互いに良い結果を生むことになります。

また、複数案提出を頼まれることもよくあります。

どんな3案が必要か、方向性の指示を用意して依頼するようにしましょう。

3案では「デザインをどのような異なる狙いで作るか」をあらかじめ伝えるほうが、3

案を出す意味合いも出てきます。

例えば、女性向けの化粧品のチラシで、「1つ目は可愛いながら手軽さが伝わるように」「2つ目は可愛い感じを前面にしてブランドイメージが伝わるように」「3つ目は発色の良さが伝わるように」というように、伝えたいことがどのように違うかがわかると、3案も提案しやすくなります。

好みの視点で3案の中から選びたくなることもあると思いますが、それではビジネスにおいて有益な複数提案の意味がありませんので、注意が必要です。

「デザインをおまかせ」してもらえるのは信頼の証

「デザインはおまかせします」という依頼をいただくこともあります。投げやりな「おまかせ」はおすすめしませんが、デザイナーの作業範囲を理解すれば上手に「おまかせ」できて、自分自身の負担も減らし、良いものを作ることができます。

そもそも、すべてを発注者が指示するとデザイナーの力は発揮しにくくなります。それよりは、デザイナーからのヒアリングに回答し、目的・目標を共有した上で、そこからのデザイン表現は、デザイナーに任せるのがいいでしょう。

ただし、デザイン全体のイメージにブランドイメージなどがある場合は、事前に伝えなくてはいけません。そういった縛りや決まったイメージがない場合は、ターゲットや目的に合わせてデザイナーに任せるというのは良い選択だと思います。

任せるのは勇気がいることです。自分の範疇を超えていくのは不安を伴うかもしれません。ですが、本当に信頼できるデザイナーを見つけることができれば、自分自身の固定概念の枠の外からの提案になり、可能性が広がります。その結果、目標達成に近づけば、それがまさに予算を割いてプロに頼む最大のメリットになります。

元に戻す可能性があるときは「この案も残しておいてください」という一言を

デザイナーからデザインを見せてもらって、修正依頼をしてみたものの修正が仕上がってきたら、やっぱり最初のほうがよかったということはありませんか？

私たちがデザイン業務をしていると、よく「元に戻してください」という依頼があります。人によって作業の方法は違いますが、修正は修正ごとに新しいファイルをコピーして作業するケースと、上書きしていくケースがあります。

修正の結果が大きい場合はコピーしたデータで作業するので、最初のデザインに戻すのはそれほど大変ではありません。ですが、大きな変更でない場合は最初のものに修正を加えていくケースも多く、その場合はボタン一つで元に戻るわけではありません。変更したものを一つひとつ元に戻していく作業が発生してしまうことがあります。

このようなときは、修正を依頼する前に「これを右に配置するのと現状のデザインはどのように違いが出ますか？」というように聞いてみるといいでしょう。

その場所にそのデザインを配置しているのには、デザイナーなりの理由があるはずです。大きな理由がなければ配置を動かすこともできますし、何か理由があってそこにしている場合は、配置している理由を教えてくれます。デザインの意図を聞いてから依頼するほうが、双方にとってムダのない進行ができます。

例えば同じデザインでイメージ写真などの差し替えをする場合、イメージＡとイメージＢを比べてみたら、先に使用したイメージＡのほうがよかった、ということがあります。これは実際に比べてみないとわからない、感じられないことでしょう。

その場合でも、事前に「イメージＡとイメージＢで迷っているので２案で検討したい」と伝えておけばスムーズです。

原稿の追加は極力避ける

原稿が後から追加になる事情は理解でき、仕方がないと思います。

ですが、原稿を後から追加すると、それまでのさまざまな要素をバランス良く仕上げていたものを崩すことになるため、結果的に見にくいデザインに仕上がってしまう可能性が高いです。結果、大幅な追加でデザイナーに負担をかけてしまったり、時間が必要以上にかかる、費用も上がってしまう……などのデメリットが発生しやすくなります。

きれいに文字が収まっているところに大量の原稿が追加になるとどうなるか。Ｗｅｂサイトなら下にページが長くなるだけなのですが、スペースが限られた紙媒体ではそうはいきません。

タイトルを微調整して、アイキャッチを少し小さくして、リード文の文字サイズを小さくして、余白を少し詰めて……といった全体の再調整です。デザインは絶妙なバランスをとっていい位置に収まっていますが、原稿がドンと増えると、そのバランスを一から取りなおさなくてはいけなくなるのです。

原稿はできるだけ確定してから依頼するようにしましょう。チラシ原稿が増える予定があれば先にこれくらいの量の原稿が後からくるので、そのスペースを空けておいてもらうよう伝えておくだけでもスムーズです。

第5章

発注者も知っておきたいデザインの基本ルール

私はこの本を中小企業や個人事業主の方に向けて書きました。つまり、大企業のように広告宣伝にふんだんに予算が取れるわけではないという人のための本であると考えています。

すべてをプロに丸投げできないけれど、ビジネスの現場で結果を出したいという方に役立つデザインの技術的なお話をします。「伝わるデザイン」にするために必要なテクニックについてもお話していきたいと思います。

デザイナーは、ここに挙げる以外にもたくさんのテクニックとルールを持っています。ただし、必ずしもこのルールを完璧に守ってデザインするわけではありません。表現することに合わせて上手にルールを崩したり、破ったりしてデザインをします。

ですから、ルールに当てはまらないからダメということではありません。また、発注者がこのルールを覚える必要はないかもしれません。

しかし、デザイナーは基本となるルールを理解しているから崩せるのであり、発注者も、基本的なルールを知っていることで〝なんちゃってデザイナー〟を見破る助けにもなるはずです。

あなたが依頼したデザインで違和感を覚えたときに、本章の基本的なルールを基に「なぜ、ここはこうなっているのですか?」と、修正を依頼するときの会話のヒントにしてもらえればと思います。

1　伝わるデザインの下ごしらえ

ここでは、ターゲットに伝わるデザインをデザイナーに作ってもらうために何を準備すべきか、またどのように素材や原稿を準備するか、などをお伝えします。

この素材や原稿の準備は、料理の調理工程の前に行う下ごしらえの段階といえるでしょう。ていねいな下ごしらえがされているからこそ料理の質がアップするように、皆さんが用意する素材や原稿はそれくらい仕上がりに影響するものです。

もし、自分でデザインをするという方も、デザインしながら原稿や素材を探すのは避けたほうが良く、一度、文字原稿を完成させ、内容をチェックして問題がないと思ったらレイアウトする作業に入るようにしてください。

写真素材は「感じる情報」と「理解する情報」で選ぶ

デザインを見たときに最初に目に入ってくるのは文字よりもイメージ画像です。写真素材はそれくらい大切です。何気なく選ぶのは絶対に避けましょう。

写真素材は、目に入った一瞬にどれだけの情報を相手に届けられるかを意識して選ばなくてはいけません。同じ面積の写真でも伝わる情報量は写真によって異なります。必ずしも情報量が多ければよいというものでもありませんが、必要なことが伝わる写真を選ぶことはとても大切です。

では、こちらの写真を見てください。見た瞬間にどのような情報があなたに伝わったでしょうか？

・30代くらいの女性
・料理をしている
・料理教室？　婚活中？　お料理の先生？

といったところでしょうか。

これは目にした人が共通して事実として受け取る情報です。これを「理解する情報」といいます。

ただし、人がイメージを見たときに受け取る情報はこれだけではありません。さらに「感じる情報」というものがあるのです。感じる情報は受け取る側によって受け取り方が異なる情報です。

ある男性がこの写真を見たら、

・楽しそう
・かわいい
・好感度が高い
・結婚したい

と感じるかもしれません。
逆に、ある女性がこの写真を見た場合には

・したたかそう
・ピンクの花柄のエプロンがあざとい
・ぶりっ子っぽい

と感じるかもしれません。受け取り手によって伝わる情報が変わりますので、写真選びはターゲットが受け取る情報を意識することが重要です。

また「情報量の多い写真と少ない写真」という見方をすることも必要です。

左の2枚の写真を見比べてみてください。

どちらもベビーシッターの広告に使うとして、どちらがよりサービスに関するイメージを直感的に受け取れるでしょう?

これにも正解はありません。上の写真を選ぶ人もいると思います。ただし、一般な目で見たときに、やはり子供が笑顔で過ごせているイメージができる下の写真のほうが反応はよくなります。

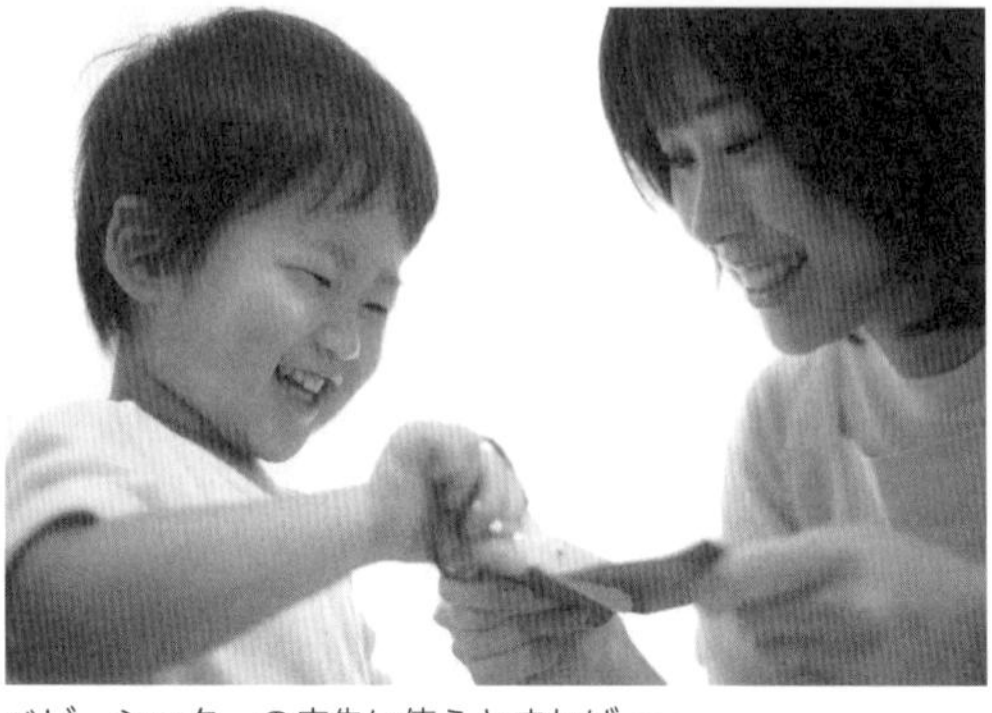

ベビーシッターの広告に使うとすれば……

タイトルは「アンテナワード」を意識する

チラシ、パンフレット、ポスターではタイトルが入ることが多いです。商品やサービス名の場合もありますし、キャッチコピー的なものもあれば、イベントのタイトルもあります。書籍であれば書名（タイトル）です。このタイトルは、前項でお話ししたアイキャッチで目に留まった人がなんのチラシなのか、はっきりと理解するために必要な情報になります。

イメージと並んで、タイトルも非常に重要性の高いデザイン要素です。現代は情報社会です。あふれる情報の中で人は自分に必要な情報を上手にキャッチできるようにしています。それがアンテナを張るということです。人は興味や関心がある言葉をほとんど無意識のうちにアンテナでキャッチします。

例えば、子育て中のお母さんであれば「子育て」「ママ」「育児」というような言葉に目が留まります。営業職のサラリーマンであれば「契約」「営業力」「売上」「出世」などが関心の高い言葉になるでしょう。

このように、ターゲットが意識しているであろう言葉（私は「アンテナワード」と呼んでいます）をタイトルに使用することで、ターゲットの目に留まるデザインにすることができます。

下段のイベントのチラシをご覧ください。これは私が以前企画した子供向けの音楽イベントのチラシです。このコンサートは毎回盛況で、多くのお客様にご来場いただいています。リピーターのお客様も多いイベントですが、毎回新規顧客の獲得にも成功しています。

このイベントのタイトルを分解してみると、次のようになります。

Go!Go! ＋ 電車 ＋ コンサート

このタイトルでのアンテナワードは「電車」です。電車好きの子供、電車好きのお子様を持つ親御さんが立てているアンテナを意識して作っています。このアンテナワードがすぐに目に入ることがなによりも重要です。

子供向け音楽イベントのチラシ

残りの2つのワードにも役割があります。「Go!Go!」は「わくわくワード」で感情を揺さぶるための言葉です。このチラシはイベントチラシなので、わくわく感を演出するために「Go!Go!」という言葉を使いました。

他にもイベントであれば「ドキドキ」「ワクワク」、食べ物であれば「もちもち」「ふわふわ」「サクサク」、美容系でいえば「ツルツル」「すべすべ」「サラサラ」など想像力を吹くらませ、心を動かしやすい言葉を頭につけます。

ここではわかりやすく状況が伝わりやすい2回繰り返している言葉（畳語）を選びましたが、そのものを魅力的に表現している形容ワードであれば2回繰り返す言葉でなくても構いません。

そして、「コンサート」という言葉は「理解ワード」と呼んでいます。伝えたいことそのものが何なのか、という根本的な情報です。もしも理解ワードがなく「Go!Go! 電車」というタイトルだったとします。確かに電車というアンテナを持っている人の目には留まるかもしれませんが、これがイベントなのか、商品なのか、サービスなのかはよくわかりません。これをわかりやすく「このチラシは電車に関係する音楽コンサートの案内です」ということところまで伝えるのが理解ワードです。

わくわくワードも理解ワードも絶対に必要というものではありません。ターゲットの立場に立ったときに伝える必要がある場合に追加することで伝わりやすくなります。タイトルは伝えるべき情報を整理し、極力コンパクトにして作るようにしましょう。もし、タイトルが変えられないという場合はキャッチコピーにアンテナワードを含むように加えて、大きく表示するなどして補いましょう。

伝わるキャッチコピーを簡単に作れるテンプレート

キャッチコピーに関して少しだけお話をしておきます。

キャッチコピーはコピーライターという専門の仕事がある奥の深い世界です。やはりキャッチコピーもプロに頼めばいいものができるでしょうが、必ずしもプロに頼めないという場合もあると思います。

それでもキャッチコピーを作らなくてはいけない場合、シンプルに伝えたいことをまとめて伝えることに徹しましょう。デザインと同じで、格好つけたくなる、オシャレなフレーズにしたくなる気持ちはわかりますが、それよりも伝わることを優先しましょう。

商品やサービスの魅力を伝えるためのテンプレートを1つご紹介してます。

この［商品（サービス）名］の強みは［サービス・商品の強みや特徴］です。これはあ

なたに［お客さまにとっての価値］します。結果、［お客様が得られる変化はこんなもの］になります。

例：地域密着型のコンサルティングサービスのチラシ

この［地域密着コンサルティングラボ］の強みは［過去10年にわたって計１０００件の企業の問題解決に取り組んできた実績があること］です。これはあなたに［安心して経営課題の相談をしていただくこと］ができます。［企業の売上が前年比１・５倍］になります。

オシャレな格好いい文章ではありませんが、必要なことを伝えるにはこのような文章でも十分です。キャッチコピーに困ったときには活用してください。

お客様の立場で原稿を作ることが伝えるための第一歩

基になる原稿を用意するのがあなたの仕事の場合、あなたの仕事は「原稿そのものをデザインする」になります。

原稿を準備する上で基本となる考え方は、デザインの考え方とまったく同じです。デザインするのが図や文字ではなく、文章というだけ。一つひとつの言葉選びで与える印象が変わります。

お問い合せを促す言葉を書くときに、

「お問い合せ」

「お問い合わせはこちら」

「お問い合わせください」

「どうぞ、お気軽にお問い合わせください」

「気になったことがあればオペレーターにお問い合わせください」

「今すぐ！　問い合わせてみよう！」


など表現はさまざまです。

どれも見た人にお問い合わせを促すだけの言葉ですが、日本語は表現が多様な言語ですので、さまざまな表現方法がある中でどれを選択するかはあなた次第です。

まずはお客様を思い浮かべて、どのような気持ちを言葉で伝えるかを頭に置きながら原稿を用意してみましょう。

また、先ほど挙げた「全部、目立たせてください」と似ていますが、「小さくなってもいいので」と大量の原稿を送ってくる方もいらっしゃいます。その商品にかける想いは素晴らしいですし、そのすべてをできる限り伝えたいとデザイナー側も考えます。その場合、デザイナーはテクニックを使って、必要な箇所をできるだけ大きく、それ以外の、興味の「スイッチ」が入ったら読んでもらえる部分を小さくしてデザインすることが多いです。

ただし、その小さくするにも限界があります。さすがに読めないくらい小さくしては意味がありません。すると、大きくすべき部分を小さくせざるを得なくなります。それにより、今度はお客様のスイッチを入れる可能性が減ってしまいます。

多少のテキスト量はデザインでカバーできますが、やはり印刷物のようにスペースに限りがある場合には限界があるのです。大きさに対して適当な量の原稿を用意するというのも伝わりやすさには重要です。

印刷物だけで販促するというケースは減ってきているので、印刷物を入り口により詳しく知りたいと思ってもらった上で、Ｗｅｂサイトにつなげてさらに理解を深めてもらうというかたちがおすすめです。

デザインツールのリレーでお客様をどんどんあなたの世界に引き入れていけば、あなたの想いをしっかりと伝えることができるのです。

2　デザインに迷ったときに役立つ6つのヒント

私がデザイナーを含めた周囲の人たちによく言っている言葉があります。「伝わらなければないのと同じ」です。人と人のコミュニケーションにも言えることですが、デザインもコミュニケーションツールの一つ。ですから、やはり「伝わらなければないのと同じ」なのです。

ただし正直なところ、私も案内ごとにいまだに悩み、考え続けています。一定の法則はあっても、受け取るターゲットが変わるたびにターゲットに合わせて、どのような表現を選べば想いを伝えられるのか、毎回、毎回考えていかなくてはいけないからです。この選択に正解と呼べるものはありません。デザイナーと発注者とで常に模索していくしかありません。

デザインを作り始めて、まっすぐ一直線に納得できる良いデザインに仕上がればいいのですが、時に道に迷い、時に行き止まりになり、デザインがどの方向に進んでいいかわからなくなることもあります。

もしもあなたがそんな状態になったときに思い出してもらいたい、デザインの6つのヒントがあります。

①　相手の心のどの部分に刺さるかを狙ってデザインする

なんだか、イマイチ伝わらないデザインのような気がしたら、見直すべき点は「デザインがお客様の心のどこに語り掛けているか」です。

マーケティングでよく言われますが、人には「顕在ニーズ」と「潜在ニーズ」があります。表に現れている顕在ニーズと隠れている潜在ニーズです。潜在ニーズはその人が感じているけれども、意識していない。そんな状態のニーズです。

そんな人の心の中にあるニーズのどんな部分に語り掛けているのかをもう一度見直してみると、伝わらないと感じるのがなぜなのかを理解するヒントになるかもしれません。

例えば、子供向けのコンサートのチラシを作るとします。とある見込み客の顕在ニーズと潜在ニーズはこのようになります。

顕在ニーズ	子供に情操教育をしたい 音楽に興味を持ってほしい
潜在ニーズ	良い音楽を聞かせている、良いお母さんでいたい 子供に飽きずに聞いて欲しい

顕在ニーズも潜在ニーズも、その人にとって嘘はありません。ですが、潜在ニーズはどちらかというと「下心」に近いような存在です。この潜在ニーズを掘り起こすと競合他社と差別化できたり、魅せ方を変えられたり、強みが発揮できたりするのです。

ですから、デザインの伝わりがイマイチだなと感じたら、まずはターゲットのどのようなニーズに語りかけているかを整理して、他のニーズに対して訴えかけられる部分はないか？　と考えてみるのも手段の一つです。

顕在ニーズ、潜在ニーズのどちらが良い悪いではありません。顕在ニーズのほうが響きやすい場合もありますし、潜在ニーズのほうが心が動きやすいという場合もあります。自分の強みや商品・サービスの特長・魅力がどのニーズに刺さるかを考えましょう。

②「全部目立たせたい症候群」をやめるには？

特にスペースに制限があるチラシを制作するときに多く遭遇するのですが、チラシの情報全部を目立たせたくなる症状を私は「全部目立たせたい症候群」と呼んでいます。

チラシに全力投球で伝えたいことがあるというのはとてもいいことですが、残念ながら全部伝えたいは何も伝わらないと思ったほうがいいのです。

すべてが主張してくるデザインはずっと大きな声で話しているようなものです。ずっと耳元で「これも大事、これも大事だから聞いて聞いて」と大きな声で話をされたら、どうでしょう？　「うるさいな」と思ってもう聞きたくなくなってしまうでしょう。

デザインも同じなのです。全部が主張してくるチラシは自分の興味があるものかを判断する前に情報が多すぎて、読む前に離れてしまいます。それでも目立たせて読んでもらいたいときは、読んでもらいたい部分を目立たせるのではなく、読んでもらうスイッチを入れるように工夫します。

前項でイメージとタイトルの話をしました。まずそこでターゲットになる人に興味を持ってもらい、読む姿勢になってもらうのです。自分にとって有益な情報かもしれない、興味スイッチが一度入れば、文字が目立っていてもいなくても読んでもらえます。

もう一つ、スイッチを入れてもらうためにイメージ、タイトルの次に活躍する要素がキャッチコピーです。チラシの中で目立たせるのはこの3つで充分です。後の情報は大きくても小さくてもあまり変わりません。全部目立たせたい症候群をやめるのに必要なのは、読ませることではなく、いかに読んでもらえる状態に持っていくか、という意識を持つことです。

③「チョットだけダサイ」こそ正義

「少しだけのダサさ」は伝わるデザインとして〝正義〟だと考えています。

2つのチラシをご覧ください。

A

B

「どちらが格好いいですか？」と尋ねれば、おそらくAと答える方が多いと思います。ですが、「どちらがわかりやすいですか？」と尋ねたらどうでしょう？　Bに分があると思いませんか？

英語のタイトルというのはデザイン的に美しく見えます。日本語はデザインという見た目では若干劣ります。それはアルファベットがわずか26字（大文字、小文字で52字）なのに対して、日本語はひらがなだけで46字、これは清音のみで、これに濁音25字、拗音が33字があり、さらに同じ数のカタカナがあり、さらに漢字が常用漢字だけでも約２０００字あります。合計すると約２２００文字です。

これだけの異なる形を合わせて文章にしたときにデザイン的に、バランスをとるのがとても難しいのが日本語です。ですから、見た目でいえば英語のほうが格好いいことになります。しかし、伝わりやすさでいえば、日本人にとってはやはり日本語が伝わりやすいのです。

また、ダサさや野暮ったさはときに、見る側の警戒心を緩める効果をもたらしてくれます。

ですから、ちょっとダサいなと思っても伝わりやすければＯＫだと私は思います。私自身、デザインするときは伝わることを優先してデザイン、レイアウトすることを基準に考えるようにしています。

④ シンプルに伝わることを目指すための最強のテンプレート

デザインというと、きれいにデザインする、格好よくデザインすると思ってしまいがちです。ただし、ノンデザイナーの人がもしデザインすることになった場合は、デザインを格好よくすることよりも伝わることを優先しましょう。

デザイナーはプロですから格好よく伝えることができます。自分でデザインする場合も、デザイナーにデザインを依頼する場合でも、重視すべきは見た目の前に「何を伝えるか」「何が伝わるか」ということです。この意

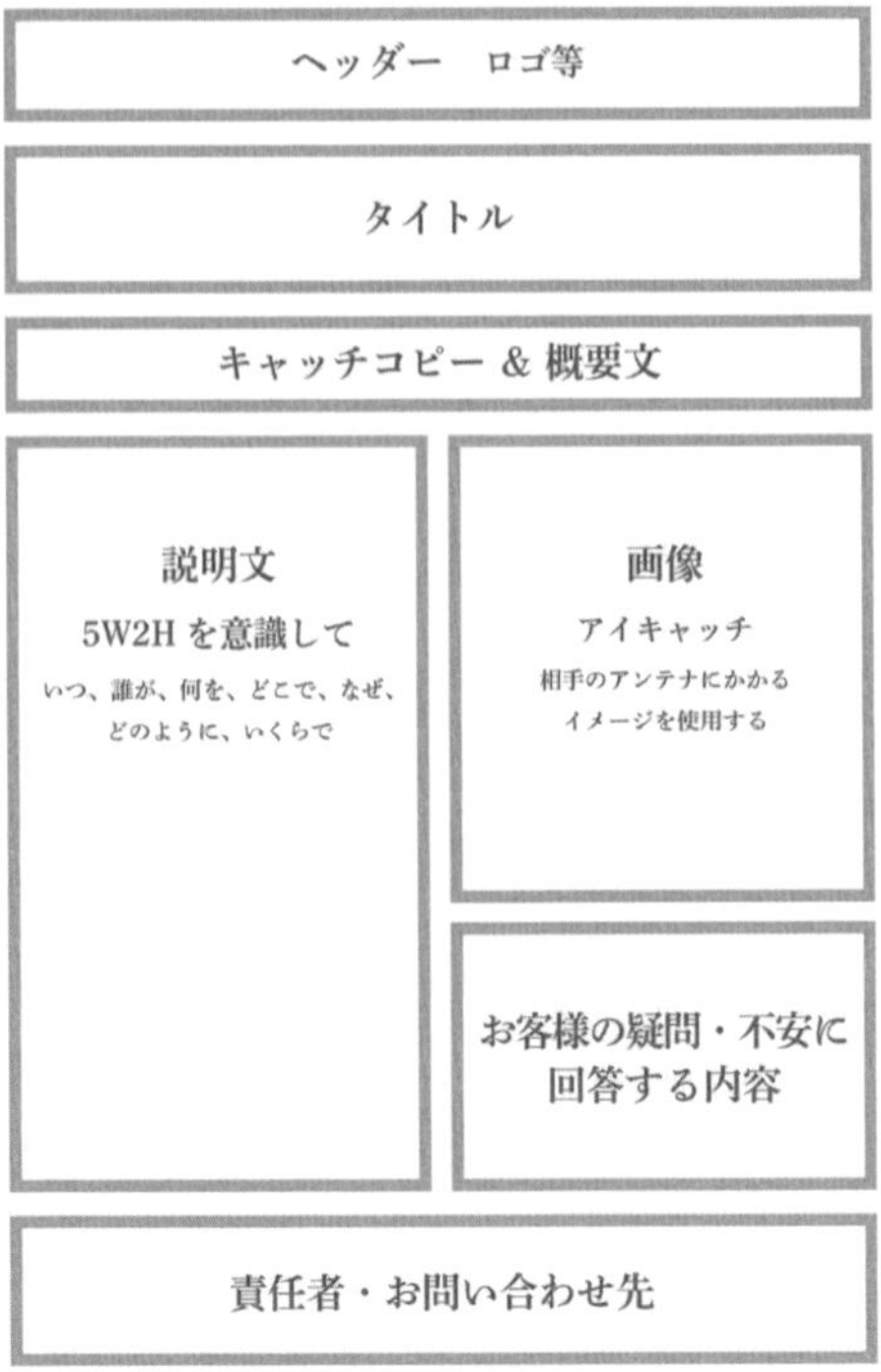

プレスリリースのフォーマット

識があるかないかで、仕上がりが違います。

時間や費用をかけて作るチラシです。その時間と費用をムダにしないためにも、何を伝えるかを考えるようにしましょう。何を伝えるかに焦点を置いたらデザインは引き算で考えます。デザインはシンプルでいいのです。余計なことをしないほうが伝えたいことは伝わります。


見た目から入ろうとするのは絶対に避けましょう。どこかで見たデザインが格好よくて、それを真似てデザインを作ったとしても、あなたの中に伝えたいことがはっきりしていなければ、何も伝わらない、存在しないのと同じチラシになってしまいます。

今はインターネットでもさまざまなイメージや素材が無料で利用できるので、ついつい可愛いイラストや枠飾りなどを見つけると使いたくなってしまいます。ですが、そのイラストや枠飾りがどのような役割を果たしているかを考えてから使用するようにしてください。

私は、究極の伝わりやすいデザインとは「プレスリリースのフォーマット」であると考えています。もし、デザインに自信がないけれどチラシやポスターを作らなくてはいけなくなってしまった場合は、プレスリリース（報道機関向けに配信する発表文）のフォーマットに合わせて必要な情報を入れるようにしましょう。

プレスリリースのフォーマットは、新聞記者が多くのリリースの中から素早く必要なネタを効率よく見つけることができるよう、情報が整理され伝わりやすくできています。

プレスリリースのまま使用すると若干文字情報が多くなってしまうので、イメージ画像と文字情報の割合を反転させます。こうすることで一般の人にも伝わりやすいデザインが簡単にできます。完璧に情報が整理されたデザインになるのです。

少しアレンジしたテンプレートをこちらで紹介します。デザインが苦手な人は、こちらを参考にレイアウトを試してみてください。

⑤ デザイン力が上がるデザインの逆算力を身につける

あなたの身の回りにあるデザインに対して、デザインする視点を持って眺めるとデザイン力を飛躍的にアップさせることができます。

デザインの根底にあるのは「問題解決」「情報整理」です。必ずそのデザインには意味や役割があるのです。それを日常生活の中で逆算してどんな問題解決のために、どのような結論をこのデザイナーは導き出したのか？　と考えてみることから始めてみましょう。

可能であれば、それにプラスして自分であればどのような結論を出したのか？　という

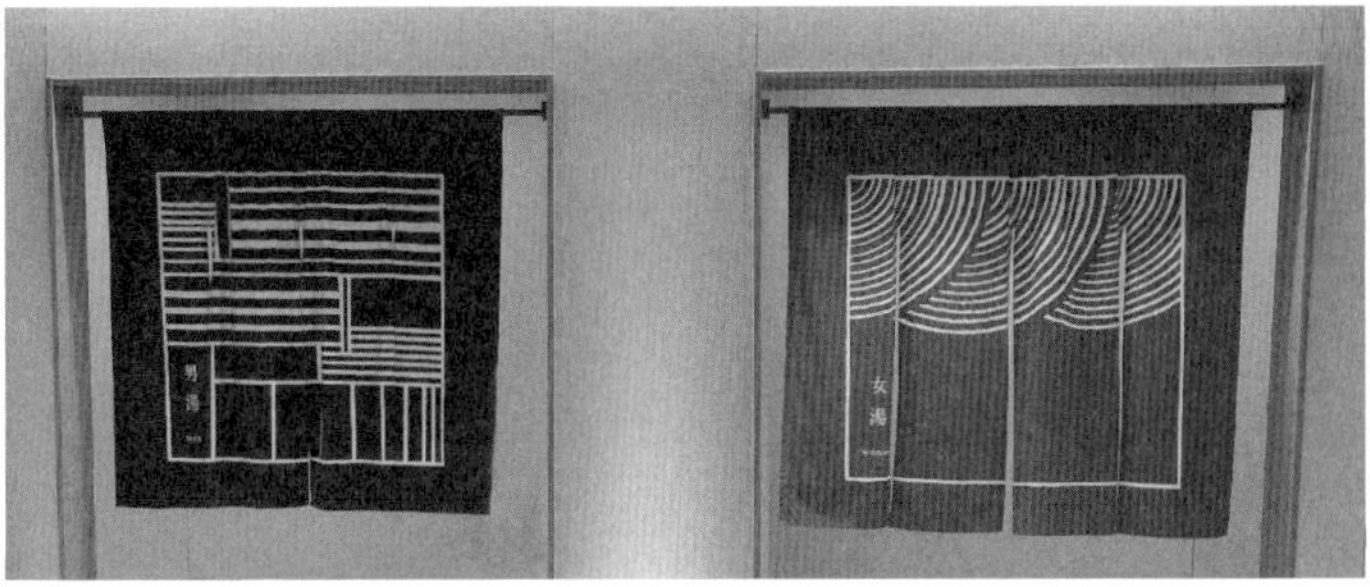

浴場の暖簾

ところまで考えてみるのもいいですね。

上段の写真をご覧ください。温泉の男女の入り口です。

何気なく利用する浴場の入り口にかかっている暖簾ですが、ここにもデザインの力が生きています。モノクロでわかりにくいですが、男湯が青、女湯が赤。国籍や年齢を問わず、多くの人が直感的に理解できるはずです。

この2枚の暖簾《のれん》の写真を目にした6歳の息子が私に尋ねました。

「どうして女の子は丸で、男の子は四角なの？」

私は「女性の体は曲線的でそれを表現するために丸、男性の体は直線的だから四角かな？」と答えました。

ではなぜ、「男湯」「女湯」の文字が小さいのでしょう？　大きく記載すれば、何もしなくても男湯、女湯の違いを伝えることができるはずです。184ページの写真Aをご覧ください。

これでは、漢字が読めない子供や外国人のお客様ではわかりません。ではこうしてみましょう（写真B）。

文字情報が増えてきましたね。なんだか段々ダサくなってきた気がします。

このホテルはとてもおしゃれな雰囲気のホテルだったので、そのブランドイメージを崩さないためでしょう。こんな感じだとホテルの雰囲気と合わなくなってしまいます。

本当の正解はこの暖簾をデザインしたデザイナーに聞かなくてはわかりませんが、ここでは**「言語能力に関係なく、温泉に入る人が入り口を間違えないようにする。ただし、ホテルのおしゃれなイメージは崩してはいけない」**という課題に対して**「言葉ではなく色と形で性別を認識させつつ、**

A

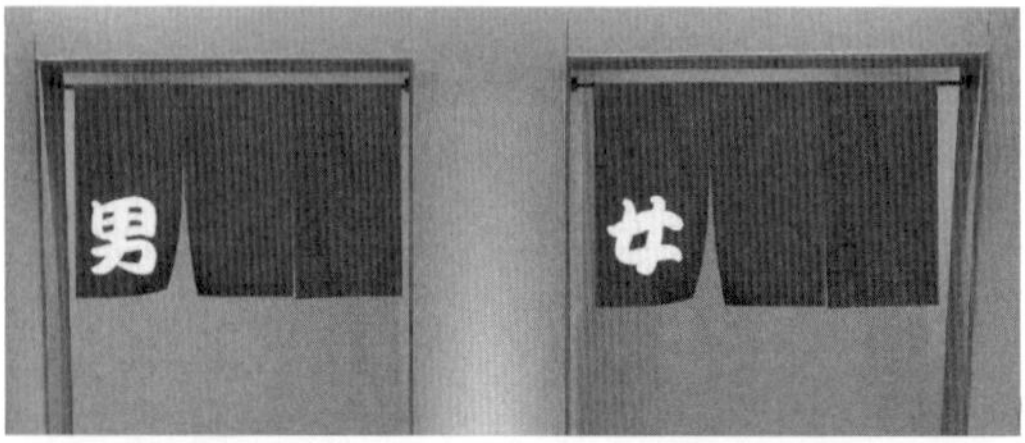

B

ホテルの雰囲気を壊さないようにテキスト情報を小さく、海外からのお客様にも喜ばれる日本らしさを感じる模様を用いた」というデザインの解決策が提案されたと想像ができたのです。

このように身の回りにあるデザインが、どのような問題解決のために、どのような意図でデザインされているかを考える練習をしてみると、デザインが得意でない人でもデザイン力を強化できます。

【デザイン力を鍛える頭の体操】

このデザインは、どのような問題を解決するために、どのような提案がなされたのでしょう？　頭の体操だと思って考えてみてください。一方にオリーブオイル、もう一方にはバルサミコ酢が入れられた容器です。

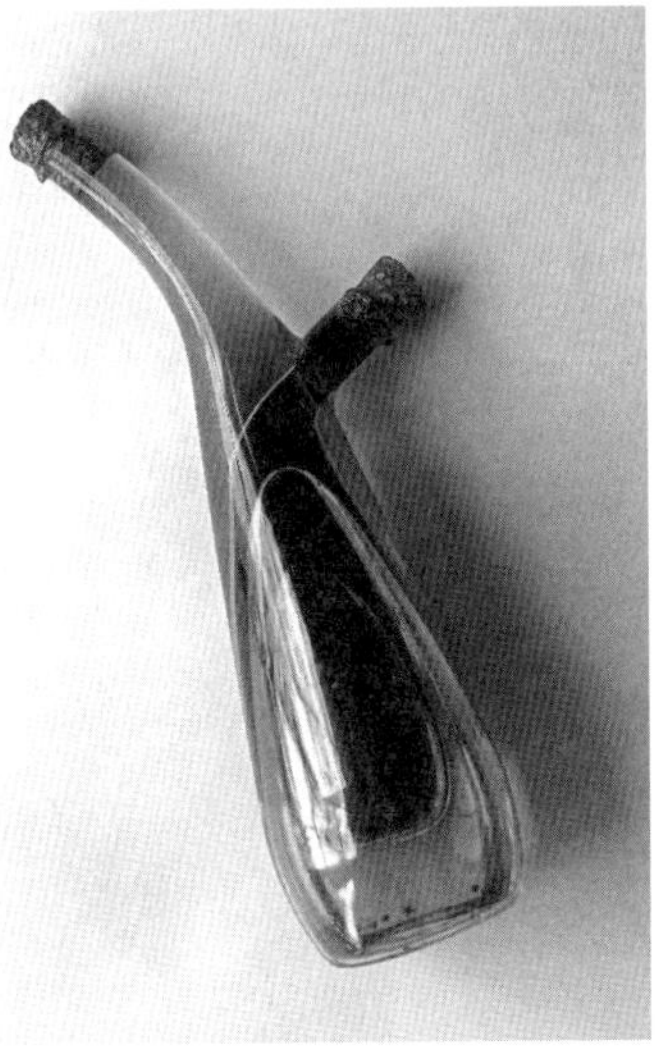

⑥ デザインの一貫性があなたの想いを正しく伝える

デザインには一貫性が常に必要です。作成した目的・目標・コンセプトなどとデザインおよび実際の商品やサービスが一直線でなくてはいけません。

一つひとつは小さなルールかもしれませんが、それが重なることで大きな力になります。どこかにブレが生じると、お客様はそのブレを感じたときにがっかりしたり、違和感を覚えたりします。

例えば、40代の働く女性向けのエステサロンがあったとします。目的・目標・コンセプトが「40代の女性を癒し、内面から美しくなる極上の時間を提供する」と設定し、チラシのデザインでは「内面から美しくなる極上の時間」をイメージして高級感のあるチラシにした。そして集客できたにも関わらず、実際に来店してみたら20代の若い女の子がタメ口で話ながら施術していた。

このようなことがあれば、どんなに立派な目的・目標・コンセプトを掲げて、それに見合うデザインをしても、サービスや商品が追いついていないため、そこにかける時間やコストが結果的にムダになることも考えられます。

和菓子の老舗で、「お茶会を開くマダムにケーキではなく、和菓子でのひと時を過ごしてもらいたい」というコンセプトで実際にとても高級で美味しい和菓子を提供しているのに、チラシは価格の安さを売りにしてしまったとすれば、自分たちの強みの伝え方を間違ってしまっていることになります。

一貫性を持たせることで伝わるデザインが力を発揮し、目標を達成しやすくなるのです。

3　ノンデザイナーが覚える5つのデザインルール

ノンデザイナーが覚えるデザインルールは、**「整列」「余白」「3色ルール」「フォント」「大きさ」**の5つだけです。

デザインの基本を知ることはとても大切です。デザインルールに関しては、デザイナーでなくても理解しやすい素晴らしい良書が世の中に出ていますので、章の最後にその良書をご紹介しつつ、最低限覚えておきたい簡単なルールをお伝えしたいと思います。

ルールを知っているのと知らないのでは、驚くほどデザインの仕上がりが変わってきます。

① とりあえずそろえる、ただそれだけ

まず、デザインをブロックごとに分けて、そのブロックをそろえる。これをするだけで、整然としたイメージになります。また、目線が自然と動きやすくなるため、自然に必要な箇所に目線が進んで行きます。整然としたイメージになるとストレスが軽減され、読みたくなります。

同時に、文章の右ぞろえ、左ぞろえ、中央ぞろえも場所によって変えるのではなく、統一させてしまうのがおすすめです。

特に扱いが難しいのが中央ぞろえです。文章を印象深く読ませることはできますが、全体的にバラつきやすくなりますので、できればタイトル以外はシンプルに左ぞろえで統一するようにしましょう。

Aのように各要素をブロックにします。Bを見ていただくとわかると思いますが各要素は右、左、中央いずれかでルールをもって整列していることがわかります。デザインを制作する際は先にこのブ

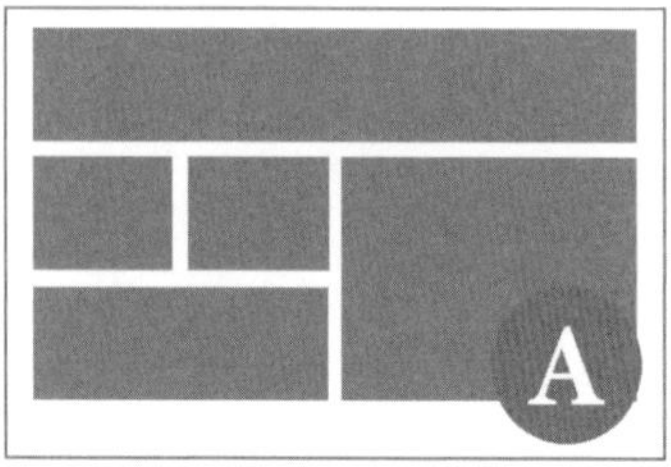

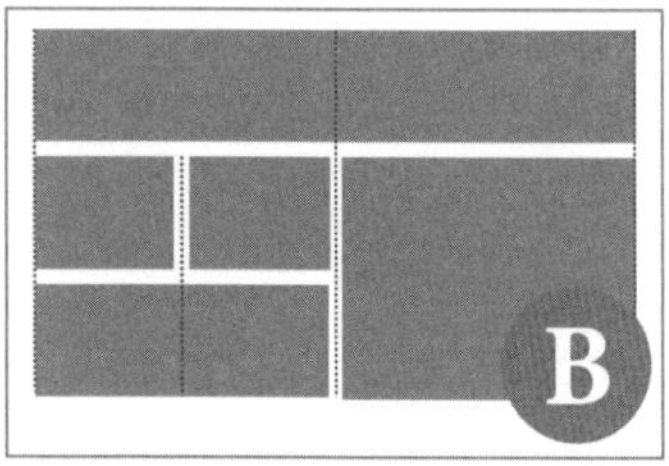

ブロックをそろえる

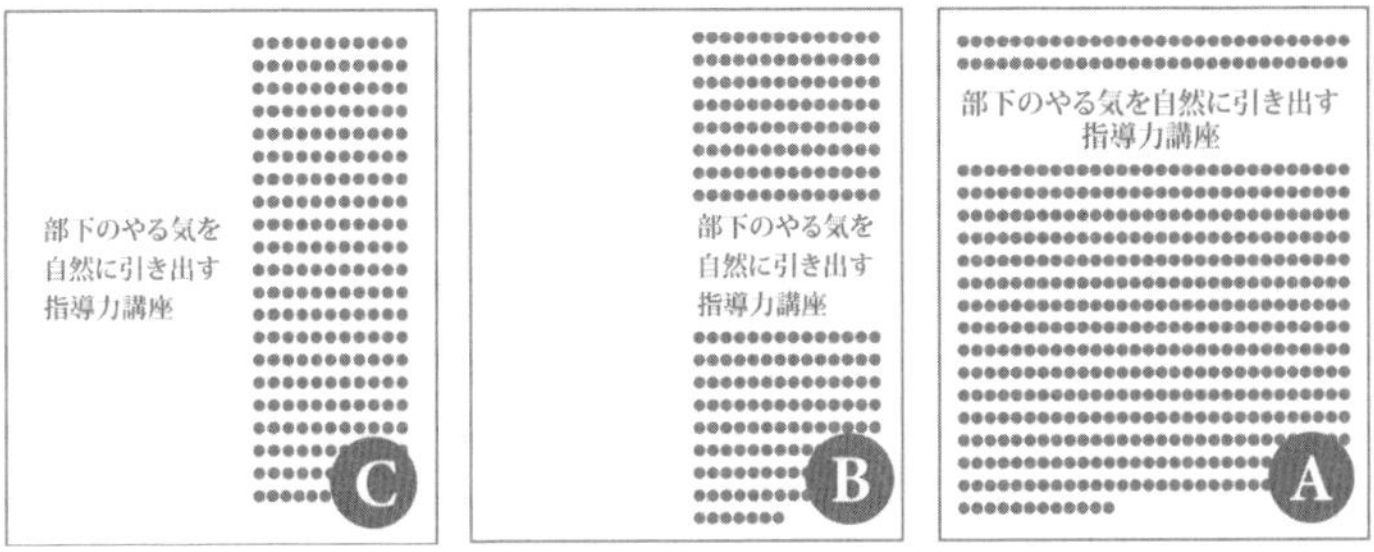

ロックを制作しておいて、そこに内容を入れていくようにするときれいにまとまりやすくなります。

②　余白は休符である

余白の重要性を知り、活かしましょう。

余白には文章を読みやすくさせたり、見せたいものに視線を集中させるという力があります。目立たせたいこと、最も伝えたいことを自然に目に入るようにすることができます。余白を使わないと文章は読みにくくなったり、目立たせることができなくなったりします。

余白は音楽で言うところの休符です。音楽の世界では休符も演奏する意識を持つように言われます。印象づけたい音を際立たせるために休符があるのです。余白にも同じような役割があります。

余白の入れ方もテクニックがあります。意味のない余白は作ってはいけません。何のための余白なのかを意識しながら余白を上手に使う。特に、ノンデザイナーがデザインする場合にこれだけは注意していただきたいのが、四方の余白です。

書きたいことがたくさんあるので余白を狭くして文字をいっぱいに入れているデザインをたまに見かけます。余白があるのとないのでは、読みやすさが全然違ってきます。本当に読んでほしいことはしっかりと余白を設けて収めるようにしましょう。

ギリギリまで文字が入っていると、デザインの外側に視線が外れてしまいます。どこまで読んだかわかりにくく、長文で読みにくくなってしまうのです。

A：余白がないデザイン
B：余白はあるけど生きていないデザイン
C：余白が生きているデザイン

③ 第一印象を決める色

画像と同じく、色も瞬時に情報を伝える重要な要素です。色の組み合わせによっても印象が変わってきます。色をどのように決定するかは色見本を参考に、与える印象を考慮しながら決定すると失敗を減らすことができます。

好きな色を選ぶのではなく、与えたい印象で選ぶように心がけると、より色を活用できるようになります。ノンデザイナーが色を使ってデザインする場合、失敗しやすいのが多くの色を使いすぎてしまうということです。目立たせたい箇所の色を変えて目立たせようとした結果、煩雑な印象になり、読んでもらえなくなることがあります。

色使いは3色に絞ることがルールだと考えましょう。

3色の割合は70%：25%：5%くらいの割合がよいといわれています。

1. ベースカラー70%……ベースになる色です
2. メインカラー25%……最も強く印象に残る色です
3. アクセントカラー5%……割合は小さいですが目立ちます

このように、使用する色は3つに絞って、それ以外の色は使わないようにします。より失敗しないためには、一番大きな面積を占めるベースカラーをモノトーンにすることです。2色の組み合わせを作るより、3色の組み合わせを作るほうが難度は上がります。モノトーンは組み合わせやすい色なので、簡単にきれいな色の組み合わせを決定することができます。

④ フォントの選び方

4つ目はフォントの選び方についてです。世の中にはたくさんのフォントがあり、それらは個性を持っています。この個性を理解することでデザインの印象をより伝えたい方向へ導いていくことができます。逆にフォント選びを怠ると、デザインの全体の印象が思っていたものと異なってしまうこともあります。

ですが、パソコンによって使えるフォントは限られています。フォントを購入して増やしていくことはできますが、わざわざ購入しなくても手元のフォントを上手に使う考え方をお伝えします。

フォントは大きく「ゴシック系」と「明朝系」に分けることができます。その他にポップ体などデザイン書体はたくさんありますが、まずはこの2つをしっかり理解することだけでもフォントの使い方は随分と変わってくるはずです。

デザイン書体などを使わなくても意図が伝わるデザインを作ることは可能です。

【ノンデザイナーがフォントを使うときの3つのルール】

フォントを理解しているデザイナーはさまざまなフォントを上手に使いこなしますが、

ゴシック体		明朝体	
タイトルや目立たせたい場所に使うのにおすすめの書体。明朝体に比べると力強い印象で、ビジネスシーンにおすすめ。		長文など、文字を読ませるために設計されている書体。ゴシック体より柔らかい印象を与える。女性向けのサービスや、情感のある表現をしたいときにおすすめ。	
夢を売る	游ゴシック	夢を売る	游明朝
夢を売る	MS P ゴシック	夢を売る	MS P 明朝
夢を売る	小塚ゴシック	夢を売る	小塚明朝
夢を売る	メイリオ	夢を売る	DFP 平成明朝
夢を売る	新ゴ Pro	夢を売る	HG 明朝 B

各種のフォント

慣れていない人は次の3つのルールを守るだけでも読みやすく、伝わるデザインを実現することができます。

(1)　1つのデザインにフォントは1つ。多くて2つまでにしておく

さまざまなフォントを混ぜて使用するとデザインは統一感がなく、文章が読みにくくなってしまいます。フォントはせめて2つまでに絞って、本当に際立たせたいところだけ別のフォントを使用する、同じ1つのフォントで太さを変えたりすることで調整してください。

(2)　「タイトルがゴシック・文章が明

朝」はＯＫ。しかし、その逆は避ける

ゴシック体と明朝体のそれぞれの特長を書きましたが、ゴシック体はタイトルに向いていて、明朝体は読むのに向いています。

ですから、タイトルがゴシック体で、内容の文章が明朝体だと自然ですが、タイトルが明朝体で、内容の文章がゴシック体だとタイトルよりも文章のほうが重たくなり、タイトルが目立たなくなる可能性があります。タイトルを明朝体にした場合は、特に狙いがなければ明朝体で揃えるほうが無難です。

(3) 長体や平体にしない

スーパーのＰＯＰなどでもよく見かけますが、とても縦に長くなった文字（長体）や平たくなった文字（平体）は可読性を一気に下げてしまいます。できる限り使わないようにしましょう。

太い文字で2行にするなどでインパクトを与えつつ、読みやすいデザインにすることは可能です。下段の図をご覧ください。

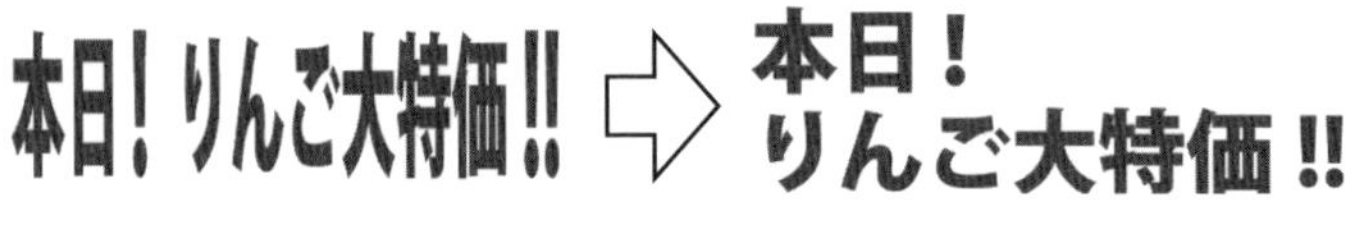

⑤ 要素の大きさをコントロールする

タイトルや、最も伝えたいメッセージを大きくし、それ以外の補足する内容に関しては小さめに表示することで、このデザインは何が言いたいのかがすぐにわかるようにすることが可能です。

そうすることで全体を読んでもらうことができます。

アイキャッチなどに使用する写真などでも、196ページの画像のように5枚の写真をどう使うかでインパクトの違いが変わるのが、おわかりいただけるかと思います。

Aのほうがインパクトは強く感じると思います。

Bのデザインはインパクトは弱まりますが、品数の多さや多彩さなどを表現するのには適しています。

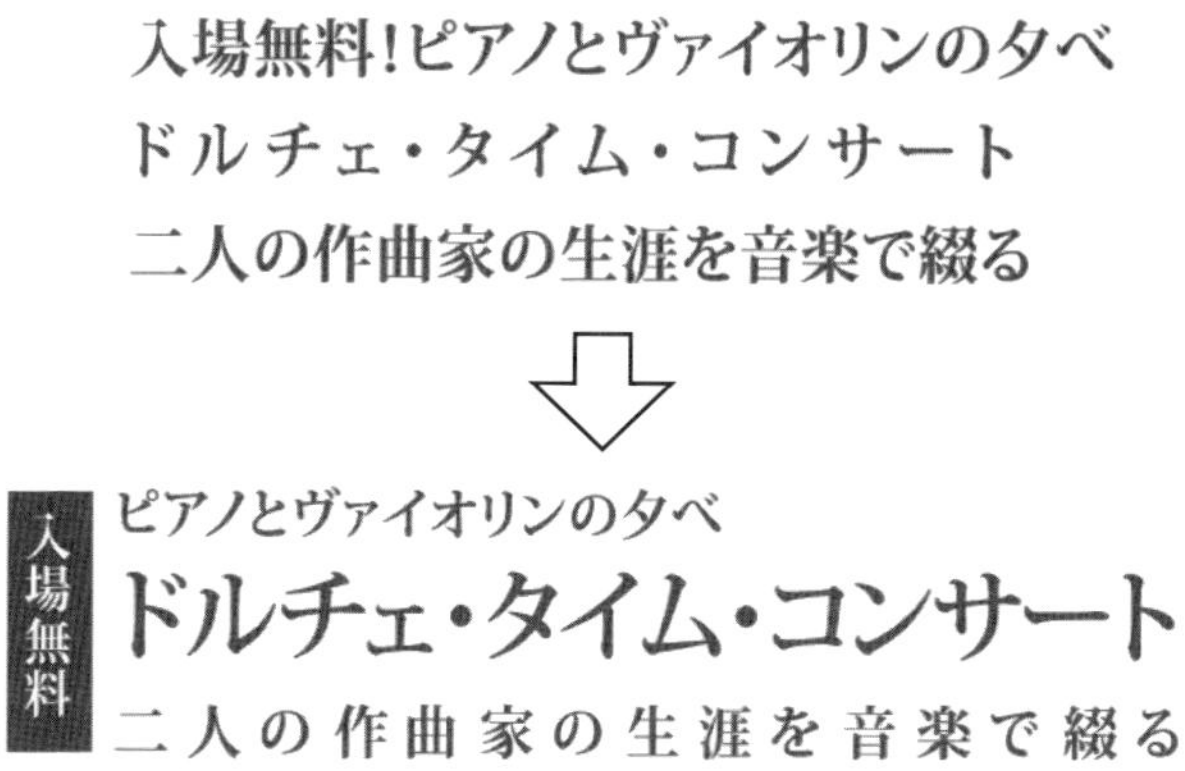
入場無料！ピアノとヴァイオリンの夕べ
ドルチェ・タイム・コンサート
二人の作曲家の生涯を音楽で綴る
入場無料
ピアノとヴァイオリンの夕べ
ドルチェ・タイム・コンサート
二人の作曲家の生涯を音楽で綴る

A

B

【本書のカバーデザインのこぼれ話】

本書のカバーデザインがどのような経緯で仕上がったかについて、少しだけお話をしてみようと思います。

もともとこの書籍のカバーデザインは編集者におまかせしていました。ですから、どのようなデザインになるかは送られてくるのを待っているだけでした。そして、案としていただいたのが197～198ページのA～Dです。いずれも私の写真を使っていただき、親しみを持てるオレンジなど暖色を使ってデザインしていただきました。

【A案】

タイトルを縦で並べ、目立つ赤にし、ドロップシャドウを付けた。

サブタイトルと著者の写真を左下に配置。ネームを右下に収めた。


【B案】

書店のデザインコーナーやビジネス書コーナーで目立つように地色をオレンジにした。

配置はA案と同じ。タイトルは白抜き。「よろしく」を補うアイコンを置いた。


【C案】

デザイン的な印象を高めるためにクラフト紙の地にした。タイトルの色は映えるグリーン。

サブタイトルを右上に配置し、「デザイン発注術」とタ

A

B

イトルを近づけた。タイトルをセンターに置き、その下にネームを収め、安定感を出した。

【D案】
A案をベースに、タイトルのフォントを手書き文字風にして、柔らかさを出してみた。

というような説明で編集者からご連絡をいただきました。

しかし、このカバーデザインを拝見していて、ムズムズ……（笑）。デザインの虫が騒ぎ出してしまいました。もっと面白くなるかもしれない……と思い、編集者にお願いをしてデザイン案を作らせてもらったのです。

C

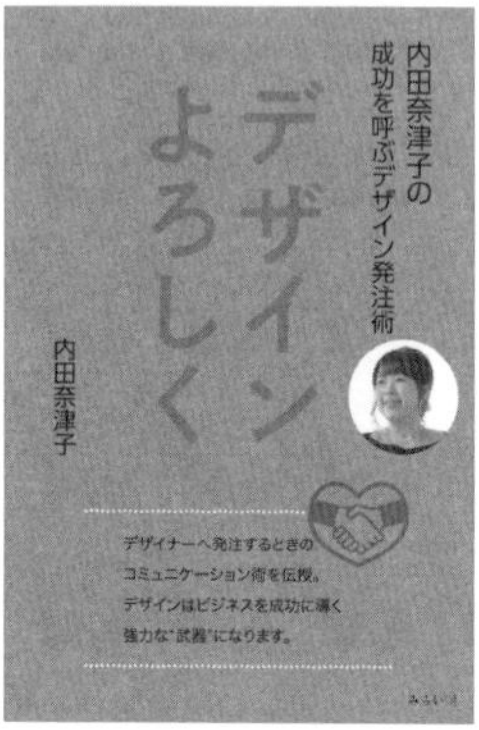

D

私は本書のタイトル「デザインよろしく」をとても面白くてインパクトがあると思っていました。一般的なビジネス書であれば「成功するデザインの極意」とか「デザインで売上をアップする方法」とかになりそうなものを、潔く「デザインよろしく」という言葉を

使われたことに、ユーモアと遊び心を感じていたのです。

私もずっとタイトルを考えていましたが、こんなに印象的なタイトルになることは想像できませんでした。

とても気に入っているタイトルだったので、そのタイトルに見合う、ユーモアや遊び心がもう少しカバーで表現できればもっとよくなると考えたわけです。


あらためて本書のカバーをご覧ください。まず、よりユーモアを感じられるように、私の写真をすまし顔の写真から動きのある写真に変更しました。吹き出しを加えたり、小さく使うのもコミカルな雰囲気を出すためです。

そしてタイトル「デザインよろしく」を印象的に表現するために、右に「デザイン」、左に「よろしく」を大きく配置しました。

この「デザイン」はデザイナー側の立場を表現し、「よろしく」には発注側の立場を表現しています。二者の存在を、タイトルを分けることで表現しているというわけです。

その間に私の写真を配置し、両者を橋渡ししているイメージで現在のカバーデザインを提案しました。

この本を書く上では、なるべくわかりやすく、読みやすくということを心がけてきたつもりです。堅苦しくない本として皆さんに興味を持ってもらいたいと思っておりましたので、このようなデザインを考えた次第です。

またタイトルに使用した色ですが、本執筆しているときからなんとなく自分の中にイメージしていた色、ピンクを使わせていただきました。ピンクは目立つ色のトップレベルです。女性的なイメージと同時に、目立つことを意識しての色です。この色はとても優秀な色だと私は考えていて、白地に載せても、黒地に載せてもあまり可読性が落ちません。写真の上などに配置した文字を目立たせたいときなどはこの色を選ぶことが多いです。

本書を執筆する上で思うことの、どのあたりを切り取り、それをどう形にするかでデザインが変わります。私もこのほか数案提案しましたが、最終的にこの案に決まりました。

何気なく目にするデザインにも、出来上がるまでにさまざまなストーリーがあるのです。

最後に、ノンデザイナーの方にぜひ参考にしていただきたい良書を紹介いたします。

『簡単だけど、すごく良くなる77のルール　デザイン力の基本』
（ウジトモコ著・日本実業出版社）ISBN: 978-4534057112 ￥１６５０
デザインに変化が確実に起きるポイントがわかりやすく解説されていて、非常に役立つ1冊です。

『デザインの教室　手を動かして学ぶデザイントレーニング』
（佐藤好彦著・エムディーエヌコーポレーション）ISBN: 978-4844359791　￥２５３０
自分でデザインをする場合に、少し目を通すだけでもデザインルールが理解でき、デザインが楽しくなります。

『なるほどデザイン　目で見て楽しむ新しいデザインの本。』
（筒井美希著・エムディーエヌコーポレーション）ISBN: 978-4844365174 ￥２２００
ビジュアルによるデザインの説明の切り口が独特で、初めてデザインを学ぶ人も興味を持ちやすい内容です。

おわりに

デザインの基本は当たり前のコミュニケーション

私は、「はたしてこの本は世の中のデザイナーの賛同を得られるだろうか」と悩みながら本書の執筆を始めました。いろいろな考えをもったデザイナーさんがいますので、私が代表するように書いていいのだろうかと不安に感じたこともありました。

そんなとき、私の友人が以前「最後は自分のセンスと心中しなさい」と言っていたのを思い出しました。あれこれ悩んでもデザインのセンスと同じで、執筆の仕事も自分のセンスを信じるしかありません。そのように覚悟し、これまでの経験を基にして、デザイナーにとっても発注者にとっても、いい結果を導き出せるようにという思いで書き上げました。

本書を企画するとき、一番最初に考えたテーマは「世の中の人にデザイン、デザイナーを理解してもらう」ということでした。一般の人のためにデザインについてやさしく解説した書籍や、デザイナーに向けられたデザインに関する書籍はたくさんありますが、発注者がデザイナーとどのように共同作業をするかといった、コミュニケーションのヒントになりそうな本は見当たりませんでした。

本書はデザインの本というよりはコミュニケーションの本です。発注者とデザイナー、発注者と発注者の先にいるお客様。その三者をデザインでつなぐために必要になるデザインへの考え方と、コミュニケーションをどう行うかを平易な表現でお伝えしました。

本文中でも書きましたが、デザインの現場に限らず、言わなくてもわかってくれると思いがちな私たち。それを、「言わなければ伝わらない」

と意識するだけでも、制作におけるフラストレーションはずいぶん回避できるのではないかと思います。

人と人とが理解し合うことの難しさは、昨今のニュースなどを見るかぎり明らかです。程度の差はあれど、考えも価値観も違う私たちがつながっていくためには上手にコミュニケーションを図っていくことが非常に重要です。デザインはその手助けをする一つの手段にすぎません。

にも関わらず、世界は逆行し、コミュニケーションがどんどん希薄になっているようにさえ感じます。近いようで遠い存在であるデザイナーは、時に「魔法使いとでも思われているのでは？」と思うほど無理難題を投げられ、不思議なことにそれをちゃんとデザインで解決しています。

例えば、髪の毛の薄い人の写真を渡されて「髪を生やすのではなく、禿て見えないようにしてください」とか、かなり威圧感のある人物が写っている写真に対し「この人の存在感を他の人に合わせてください」など、「撮影の際にそのように撮影することはできなかったのでしょうか？」と思うような写真修正の依頼から、デザインの要望では「背景に雪を散らせて、でも決して雪が降っているようには見えないようにしてください」という謎解きのような依頼などもあったりします。

でも、それができてしまいそうに思える職業、それがデザイナーなのだと思います。クリエイティブな仕事って素晴らしいなぁと思う半面、やっぱり理不尽な依頼が多い職業のトップ5くらいには入るのではないか？　と思ってしまいます。

ビジネスでありながらクリエイティブな要素も同時に必要になるので、生産性だけでは動けません。そのしわ寄せがデザイナーの労働状況を圧迫していることも多く、現場はなかなか過酷です。そんな状況が少しでも理解されれば、ほんの少しかもしれませんが、デザイナーが働きやすい環境が作れるかもしれない。その結果、デザイナーにゆとりが生まれることでより良いデザインが世の中に送り出されるのではないかと考え、本書を企画しました。

デザイナーの仕事の現場は、一般の人から見るとブラックボックスのように中が見えない不思議なものなのではないかと思います。しかしデザインのテクニックを持っているというだけで、デザイナーも普通の人間です。必要なことは伝えないとわかりませんし、与えられた時間もあなたと同じ一日24時間です。

お互いを理解し、協働して仕事にあたればとても強力なビジネスパートナーになることは間違いありません。もう一歩、デザイナーに近づいてみてもらえたらうれしいなと思っています。

あなたの想いが相手に的確に伝わることでビジネスが活性化し、そのビジネスの発展の先に笑顔になる人がいる。それによって社会が明るくなることを願っています。

内田奈津子

内田奈津子（うちだ　なつこ）

20代前半の約3年間、ミラノで声楽とイタリア語を学ぶ。帰国後声楽を続けつつ、フリーランスでWebデザインの仕事を始める。多くの企業から依頼を受けて新規事業の立ち上げをサポートし、少ない予算でもアイディアでカバーするWebサイトを制作。このほか印刷物の制作も行い、数多くの実績を残す。2007年12月に株式会社ライズサーチを設立。横浜にある中小企業のWebサイト制作を行う傍ら、演奏会やイベントで必要になるチラシを専門に制作する事業「演奏会のチラシ屋さん」を立ち上げ、イベント関係の印刷物デザインをこれまでに5000件以上手がける。
経営者・アートディレクター・オペラ歌手、三足のわらじで活動中。

デザインよろしく　内《うち》田《だ》奈《な》津《つ》子《こ》の成功《せいこう》を呼《よ》ぶデザイン発注術《はっちゅうじゅつ》

2020年4月27日　初版第1刷

著　者　内《うち》田《だ》奈《な》津《つ》子《こ》
発行人　松崎義行
発　行　みらいパブリッシング
〒166-0003 東京都杉並区高円寺南4-26-12 福丸ビル6F
TEL 03-5913-8611　FAX 03-5913-8011
編　集　吉田孝之／佐々木茜子
ブックデザイン　池田麻理子
発　売　星雲社（共同出版社・流通責任出版社）
〒112-0005 東京都文京区水道1-3-30
TEL 03-3868-3275　FAX 03-3868-6588
印刷・製本　株式会社上野印刷所

ISBN978-4-434-27203-5 C2030